WELCOME TO LEARN
WITH WO

Learning a new language .... This
book provides puzzles ....ary exercises and is intended to
supplement traditional methods of language study. We believe that
learning should be fun. If you are doing something that you enjoy, then
it will be easy to stick with.

In Learn ARMENIAN with Word Search Puzzles you will find a collection
of 130 bilingual word search puzzles that will challenge you with dozens
of interesting categories.

This book includes:
• Diverse categories including: Numbers, Colors, The Body, Weather, Professions, Fruits, Vegetables, Verbs, Opposites, and many more!
• Words hidden horizontally, vertically or diagonally in each puzzle
• Easy to read puzzles
• Challenging and fun!
• Puzzle based learning provides unique learning perspective
• 65 jumbled review puzzles to challenge your memory and lock in those translations with reinforcement learning
• Complete solutions provided.

Keep your Mind Active and Engaged
Studies have shown that continuously challenging your brain with puzzles and games or acquiring new skills such as a new language can help to delay symptoms of dementia and Alzheimer's.
Keeping a sharp mind is a great idea for people of any age.

Learn with Word Search Series
Now featuring 38 challenging languages. Check out our other titles!
If you enjoyed this book, please consider leaving an HONEST review.
If you have any suggestions for future languages or books, or find any mistakes, please let us know at learnwithwordsearch@gmail.com

Happy searching!

Armenian Alphabet

The Armenian alphabet is comprised of 39 letters and is shown below for reference with the English equivalent sound.

Letter	Upper Case	Lower Case	English Equivalent
1	Ա	ա	*a*
2	Բ	բ	*b*
3	Գ	գ	*g*
4	Դ	դ	*d*
5	Ե	ե	*e*
6	Զ	զ	*z*
7	Է	է	*eh*
8	Ը	ը7	*uh*
9	Թ	թ	*t*
10	Ժ	ժ	*ž*
11	Ի	ի	*i*
12	Լ	լ	*l*
13	Խ	խ	*x*
14	Ծ	ծ	ts
15	Կ	կ	*k*
16	Հ	հ	*h*
17	Ձ	ձ	*dz*
18	Ղ	ղ	*r (gutteral)*
19	Ճ	ճ	tsh
20	Մ	մ	*m*
21	Յ	յ	*y*
22	Ն	ն	*n*
23	Շ	շ	*sh*
24	Ո	ո	*o*
25	Չ	չ	*tj*
26	Պ	պ	*p*
27	Ջ	ջ	*ǰ*
28	Ռ	ռ	*r (rolled)*
29	Ս	ս	*s*
30	Վ	վ	*v*
31	Տ	տ	*t*
32	Ր	ր	r
33	Ց	ց	*ts*
34	Ւ	ւ	*oo*
35	Փ	փ	*p*
36	Ք	ք	*k*
37	և		*ew*
38	Օ	օ	*o*
39	Ֆ	ֆ	*f*

LEARN WITH WORD SEARCH PUZZLES NOTES

1. Only words that are capitalized in the word list are hidden inside the puzzle grid. Lower case words in the word list are included for reference, for completion, or for words and phrases that are too large to fit inside the grid.

2. In general, when a word has multiple gender variations, Learn with Word Search Puzzles defaults to the masculine form to maintain formatting.

3. Some words are common between English and the translated form. This often occurs when loan words are incorporated into other languages and common speech. Congratulations, you are are more fluent than you thought. When this occurs the word is hidden inside the grid twice.

4. For books that translate words between two different writing systems (Latin-Cyrillic, Latin-Greek, Latin-Japanese, etc.), both writing systems are used in the grid.

5. The translation is provided primarily in Eastern Armenian, and where options exist, preference is given to the Armenian version of words as opposed to their Latin-derived equivalents.

Dedicated to those who occasionally struggle to find the correct words

NUMBERS

1

Welcome to Learn with Word Search. It's time to count down to your new vocabulary. Here we go. Three. Two. One Find these number translations in the grid below.

T	T	S	O	U	S	S	O	M	O	M	F	Ն	O	Ց
T	H	R	Ա	Վ	D	H	Բ	P	Ջ	N	Զ	Գ	F	I
X	I	S	S	U	S	Ը	H	Բ	A	M	P	Զ	Ը	S
Ֆ	R	S	Ա	U	Ն	Ե	Ր	Կ	Ո	Ւ	T	Ջ	M	Մ
W	T	S	U	Ի	Հ	Մ	X	Ր	Յ	Թ	Ճ	Ի	D	M
E	E	Ա	Ն	F	O	Ղ	Ե	Ր	Կ	Ո	Ւ	E	P	Ծ
Y	E	S	Հ	F	I	N	N	Կ	Ե	Մ	Թ	Ո	W	Ժ
Վ	N	Ա	Ի	S	I	V	E	E	R	H	T	T	D	T
R	I	U	Ն	Ա	Գ	F	E	I	G	H	T	S	W	Կ
Բ	N	Ն	Գ	U	E	G	T	L	H	A	E	E	Դ	O
Թ	Ն	Ե	Գ	Ն	Ի	Հ	R	E	E	V	L	T	N	Չ
Յ	U	Ր	Ո	Չ	Վ	Ք	U	Y	E	V	S	D	T	Ի
G	Ֆ	Ե	E	Ո	Ե	O	O	N	E	N	E	Ր	Ո	Ռ
Ր	E	Ք	Թ	Ր	Ց	Մ	F	O	U	R	E	N	A	O
Յ	N	Ֆ	Ե	U	Է	K	Զ	F	Թ	Ք	Ո	Ռ	O	Ֆ

ONE	ՄԵԿ
TWO	ԵՐԿՈՒ
THREE	ԵՐԵՔ
FOUR	ՉՈՐՍ
FIVE	ՀԻՆԳ
SIX	ՎԵՑ
SEVEN	ՅՈԹ
EIGHT	ՈՒԹ
NINE	ԻՆԸ
TEN	ՏԱՍ
ELEVEN	ՏԱՍՆՄԵԿ
TWELVE	ՏԱՍՆԵՐԿՈՒ
THIRTEEN	ՏԱՍՆԵՐԵՔ
FOURTEEN	ՏԱՍՆՉՈՐՍ
FIFTEEN	ՏԱՍՆՀԻՆԳ

MORE NUMBERS

2

A zillion is often used to describe a huge number, but it doesn't actually have a defined value. We won't make you count to a zillion, but below you will find some more numbers to add to your vocabulary.

N	Հ	Ա	Ր	Յ	Ո	Ւ	Ր	Ք	E	S	S	O	Ֆ	W
E	Ո	Վ	S	Յ	Ո	Թ	Ա	Ն	Ա	U	Ո	Ւ	Ն	Ը
E	Ւ	Ա	Ա	H	S	Ռ	Ո	U	U	M	U	Ւ	Ն	Հ
T	Թ	Թ	U	Ց	Ա	Ւ	Ն	Յ	I	Ա	Ո	Ի	Ի	Փ
N	U	U	Ն	U	L	Վ	S	L	Ն	U	Ն	U	Զ	Ն
E	Ո	Ո	Ո	Ւ	Ե	Մ	L	T	Ե	U	Ո	A	N	Ո
V	Ւ	Ւ	Ւ	Ց	Ո	I	B	Ր	Ա	Ւ	Ա	H	E	Ի
E	Ն	Ն	Թ	Y	O	U	Ե	S	Ն	D	U	S	E	L
S	E	V	E	N	T	Y	Ն	Y	T	N	E	W	T	Ի
I	L	I	Ծ	Ր	T	R	Ց	Ն	D	A	N	Ն	E	Մ
X	Ժ	Թ	G	R	Ա	H	I	R	Ի	S	O	Ա	N	Հ
T	Զ	Խ	O	H	H	Զ	E	H	P	U	Ւ	U	I	E
Y	T	F	I	F	T	D	Ա	E	T	O	Թ	Ք	N	Ղ
Փ	N	I	N	E	T	Y	Ր	Հ	Ւ	H	Ն	Ր	T	D
S	S	I	X	T	E	E	N	E	E	T	H	G	I	E

SIXTEEN	ՏԱՍՆՎԵՑ
SEVENTEEN	ՏԱՍՆՅՈԹ
EIGHTEEN	ՏԱՍՆՈՒԹ
NINETEEN	ՏԱՍՆԻՆԸ
TWENTY	ՔՍԱՆ
THIRTY	ԵՐԵՍՈՒՆ
FORTY	ՔԱՌԱՍՈՒՆ
FIFTY	ՀԻՍՈՒՆ
SIXTY	ՎԱԹՍՈՒՆ
SEVENTY	ՅՈԹԱՆԱՍՈՒՆ
EIGHTY	ՈՒԹՍՈՒՆ
NINETY	ԻՆՆՍՈՒՆ
HUNDRED	ՀԱՐՅՈՒՐ
THOUSAND	ՀԱԶԱՐ
MILLION	ՄԻԼԻՈՆ

DAYS OF THE WEEK

3

The seven days of the week were named after the seven celestial bodies that were visible to the naked eye thousands of years ago. These are the Sun, Moon, Mercury, Venus, Mars, Jupiter, and Saturn. See if you can spot their translations with your naked eye below.

E	Y	I	Շ	H	G	O	Շ	Ա	Բ	Ա	Թ	Y	Մ	Y
U	A	Ե	Թ	Ա	Բ	Ր	Ւ	Ո	Չ	Ֆ	A	A	A	P
Ք	D	Կ	Ր	E	Բ	B	L	Գ	T	D	Ի	D	Կ	D
Ժ	N	D	O	Կ	Է	Ա	Ա	F	R	Թ	I	S	N	F
L	U	A	Ե	T	Ո	Յ	Թ	E	Բ	L	Վ	E	Y	Y
Ր	S	Ե	M	Ր	Ի	Ւ	T	Ա	O	Ղ	K	N	A	A
D	Ի	Ի	D	Ն	Ե	S	Շ	H	Վ	E	O	D	D	D
Ւ	R	Կ	S	Կ	E	Ք	L	Ա	E	Ե	R	E	S	I
M	N	Ո	Ա	Y	Ե	A	Շ	W	Բ	U	Ր	W	E	R
O	Ն	Ֆ	O	Ր	N	Ր	Յ	Ա	T	Թ	E	Ջ	U	F
N	T	Գ	Ո	O	Ի	O	Ե	A	Բ	E	Ի	T	T	Ե
D	O	Չ	I	Z	Ք	Կ	S	S	K	Թ	Ա	Բ	Ա	Շ
A	D	T	Հ	Ի	Ն	Գ	Շ	Ա	Բ	Թ	Ի	Փ	Ջ	Ն
Y	A	D	S	R	U	H	T	O	M	O	R	R	O	W
N	Y	Ա	Յ	U	O	Ր	H	Բ	Ը	Ղ	Ա	Վ	Ք	Զ

MONDAY	ԵՐԿՈՒՇԱԲԹԻ
TUESDAY	ԵՐԵՔՇԱԲԹԻ
WEDNESDAY	ՉՈՐԵՔՇԱԲԹԻ
THURSDAY	ՀԻՆԳՇԱԲԹԻ
FRIDAY	ՈՒՐԲԱԹ
SATURDAY	ՇԱԲԱԹ
SUNDAY	ԿԻՐԱԿԻ
WEEKEND	ՇԱԲԱԹԱՎԵՐՋ
NATIONAL HOLIDAY	ԱԶԳԱՅԻՆ ՏՈՆ
TODAY	ԱՅՍՕՐ
TOMORROW	ՎԱՂԸ
YESTERDAY	ԵՐԵԿ
WEEK	ՇԱԲԱԹ
DAY	ՕՐ

MONTHS

4

The Roman calendar originally had ten months, which explains why September, October, November and December are based on the latin words for seven, eight, nine and ten. Search for the months and their translations below.

E	Ն	Ս	Ր	Ե	Բ	Մ	Ե	Տ	Պ	Ե	Ս	Ի	L	Յ
B	Մ	Ո	Ի	Ե	T	Ս	Ի	O	Ո	Ճ	Տ	Ի	Ք	E
L	L	Տ	Յ	Յ	Բ	Ր	Ի	Ր	Ա	Վ	Ր	Տ	Ե	Փ
Չ	N	Ս	Գ	Ե	Ա	Մ	Ք	Մ	Ա	Պ	Ա	L	Ս	Տ
J	T	Ո	T	Տ	Մ	Մ	Ե	L	Ա	Վ	Մ	Ց	Ի	T
C	T	Գ	Ս	Ֆ	N	Բ	Թ	Տ	Յ	E	Ն	Յ	Ն	Ը
R	A	O	Ր	Ե	Բ	Մ	Ե	Տ	Կ	Ե	Դ	Ւ	Ւ	E
E	U	L	M	O	Բ	H	R	Ր	F	Ո	Y	Ո	Ո	H
B	G	R	E	B	M	E	C	E	D	S	Հ	Ց	Հ	Հ
M	U	S	A	N	E	R	B	R	B	M	P	Ա	Ջ	Ո
E	S	Պ	Ն	A	D	R	Ժ	M	A	M	T	Ր	Ձ	Ւ
T	T	J	A	N	U	A	R	Y	O	M	E	O	Ա	L
P	Q	Ի	Ը	A	Ծ	E	R	J	U	N	E	V	E	Ի
E	L	I	R	P	A	Y	R	E	B	O	T	C	O	U
S	C	Y	L	U	J	Հ	T	Ւ	Վ	Յ	Ի	H	Դ	N

JANUARY	ՀՈՒՆՎԱՐ
FEBRUARY	ՓԵՏՐՎԱՐ
MARCH	ՄԱՐՏ
APRIL	ԱՊՐԻԼ
MAY	ՄԱՅԻՍ
JUNE	ՀՈՒՆԻՍ
JULY	ՀՈՒԼԻՍ
AUGUST	ՕԳՈՍՏՈՍ
SEPTEMBER	ՍԵՊՏԵՄԲԵՐ
OCTOBER	ՀՈԿՏԵՄԲԵՐ
NOVEMBER	ՆՈՅԵՄԲԵՐ
DECEMBER	ԴԵԿՏԵՄԲԵՐ
CALENDAR	ՕՐԱՑՈՒՅՑ
MONTH	ԱՄԻՍ
YEAR	ՏԱՐԻ

TIME & SEASONS

5

The seasons are caused by the tilt of the Earth as it orbits the sun. For part of the year the sun shines longer on one hemisphere resulting in summer. Tilt your head and search for these words related to time and the seasons below.

Ր	A	F	T	E	R	N	O	O	N	O	Գ	Կ	Վ	Թ
Թ	H	Ժ	Խ	Կ	Ա	Յ	Մ	Ա	Ն	U	Ա	S	Չ	T
Չ	E	Ր	Ա	S	Ռ	Ե	U	I	Ա	Ւ	Ր	Գ	E	Ժ
T	O	Ռ	Ա	Մ	Ա	D	Պ	Ծ	Յ	Յ	Ո	Ի	N	E
Կ	D	Ր	Մ	Դ	Վ	V	Ո	Ո	Կ	W	Ւ	Շ	Ռ	D
Ե	Ի	N	Ի	R	Ո	S	I	D	Ր	G	Ն	Ե	Ա	Չ
U	Գ	I	U	I	S	Է	I	E	Յ	Ձ	Մ	Ր	Չ	O
O	A	G	S	A	Ր	Y	Խ	C	Ա	Զ	Ռ	G	Ց	Ջ
Ր	E	H	U	Խ	L	J	A	A	Վ	Ճ	N	T	H	R
Ի	Ռ	T	Ե	Y	E	A	R	D	R	I	U	O	Յ	W
Ց	Զ	O	U	U	Փ	Ֆ	C	E	N	T	U	R	Y	T
Հ	Ջ	H	T	N	O	M	M	R	T	R	T	N	N	S
Ե	Ժ	S	H	L	I	M	O	Y	D	N	O	C	E	S
S	J	A	U	T	U	M	N	O	G	N	I	R	P	S
Ո	Խ	T	L	S	Ծ	Ռ	R	O	N	E	A	W	Կ	G

WINTER — ՁՄԵՌ
SPRING — ԳԱՐՈՒՆ
SUMMER — ԱՄԱՌ
AUTUMN — ԱՇՈՒՆ
SECOND — ՎԱՅՐԿՅԱՆ
MINUTE — ՐՈՊԵ
HOUR — ԺԱՄ
DAY — ՕՐ
MONTH — ԱՄԻՍ
YEAR — ՏԱՐԻ
MORNING — ԱՌԱՎՈՏ
AFTERNOON — ԿԵՍՕՐԻՑ ՀԵՏՈ
NIGHT — ԳԻՇԵՐ
DECADE — ՏԱՍՆԱՄՅԱԿ
CENTURY — ԴԱՐ

COLORS

6

The three primary colors are red, green and blue. These three colors can be combined to create an astonishing variety of color. Astonish yourself by finding these translations in the grid below.

Ի	R	D	H	Ֆ	Բ	Փ	Ր	E	Վ	Ւ	E	W	Գ	S
Ն	Ջ	R	L	Վ	L	W	Ֆ	Ա	U	T	O	N	O	Շ
Յ	O	N	W	O	R	B	Ր	S	I	L	V	E	R	E
Ւ	Y	E	U	Ո	G	Դ	D	H	L	Ն	B	Ն	A	Խ
Ո	Թ	E	S	Պ	Ա	I	W	E	Ի	Յ	Յ	Յ	N	Ը
Գ	I	R	R	Գ	Ի	Ք	Y	Ղ	R	Ւ	O	Ւ	G	O
Ա	Բ	G	Ո	G	Ի	S	Ե	H	Ո	Ո	A	Ո	E	S
Կ	T	Ւ	E	G	Յ	Դ	Ա	Գ	Վ	Գ	R	Գ	L	Ւ
Ա	Յ	S	Յ	Ւ	Ո	Պ	Ա	Կ	Չ	Ե	Ձ	Ա	P	U
Ն	B	L	A	C	K	Թ	Պ	L	Ա	Կ	U	Ր	R	Գ
Ա	Գ	R	Չ	N	Ա	K	W	Կ	Ն	U	L	Խ	U	R
Գ	Ր	Պ	I	Ծ	Փ	J	Ղ	Մ	Ա	Ո	I	Ո	P	Է
Ա	Ի	P	Ր	S	N	H	Խ	S	Կ	Ա	Ր	Մ	Ի	Ր
Շ	Մ	Ա	Ն	Ո	Ւ	Շ	Ա	Կ	Ա	Գ	Ո	Ւ	Յ	Ն
Ե	Ն	Ա	Ր	Ն	Ջ	Ա	Գ	Ո	Ւ	Յ	Ն	Բ	Թ	Ո

BLACK — ՍԵՎ
BLUE — ԿԱՊՈՒՅՏ
BROWN — ՇԱԳԱՆԱԿԱԳՈՒՅՆ
GOLD — ՈՍԿԵԳՈՒՅՆ
GREY — ՄՈԽՐԱԳՈՒՅՆ
GREEN — ԿԱՆԱՉ
ORANGE — ՆԱՐՆՋԱԳՈՒՅՆ
PINK — ՎԱՐԴԱԳՈՒՅՆ
PURPLE — ՄԱՆՈՒՇԱԿԱԳՈՒՅՆ
RED — ԿԱՐՄԻՐ
SILVER — ԱՐԾԱԹԱԳՈՒՅՆ
WHITE — ՍՊԻՏԱԿ
YELLOW — ԴԵՂԻՆ

SHAPES

7

A dodecagon has 12 sides, while a megagon has a million sides, at which point it is essentially a circle. Time to think outside the box and find these 2D and 3D shapes in the puzzle below.

Ո	P	R	S	A	E	C	Թ	J	S	Ի	Ջ	Կ	I	Ճ
Ւ	Y	P	O	T	R	E	E	H	E	R	E	H	P	S
Ղ	R	E	C	T	A	N	G	L	E	L	C	R	I	C
Ղ	A	N	T	Ա	U	R	Վ	D	G	X	A	O	T	U
Ա	M	T	A	Վ	Q	Ի	N	Ա	I	N	A	V	N	B
Ն	I	A	G	S	S	I	U	Ա	Ո	A	A	G	O	E
Կ	D	G	O	Ր	L	S	Դ	Ւ	Չ	Ն	M	I	O	Դ
Յ	O	O	N	Y	Ղ	Ա	Թ	Ր	Ո	U	G	O	R	N
Ո	L	N	C	G	Մ	Ա	Բ	S	Ա	Կ	Դ	Ձ	N	T
Ւ	Ռ	Ե	Ռ	Ա	Ն	Կ	Յ	Ո	Ւ	Ն	Ա	Բ	Ը	D
Ն	Թ	U	Ն	Կ	Ո	Գ	Ր	Փ	Ւ	Վ	Ա	Ռ	Ց	Ն
R	Ղ	Դ	Յ	Կ	Կ	L	T	Ո	Ձ	Ր	T	Ր	Ա	O
Ն	Ւ	Ո	Յ	Կ	Ն	Ա	Գ	Ն	Հ	Ի	Գ	Ջ	Ո	Ք
Կ	Ւ	Ե	T	Մ	H	Ն	Ց	O	E	O	Ր	R	Ւ	Խ
Ն	Ւ	Ո	Յ	Կ	Ն	Ա	Ց	Ե	Վ	Շ	Ֆ	Պ	S	H

CIRCLE	ՇՐՋԱՆ
CONE	ԿՈՆ
CUBE	ԽՈՐԱՆԱՐԴ
CYLINDER	ԳԼԱՆ
DIAMOND	ԱԴԱՄԱՆԴ
HEXAGON	ՎԵՑԱՆԿՅՈՒՆ
OCTAGON	ՈՒԹԱՆԿՅՈՒՆ
OVAL	ՁՎԱՁև
PENTAGON	ՀՆԳԱՆԿՅՈՒՆ
PYRAMID	ԲՈՒՐԳ
RECTANGLE	ՈՒՂՂԱՆԿՅՈՒՆ
SPHERE	ԳՈՒՆԴ
SQUARE	ՔԱՌԱԿՈՒՍԻ
STAR	ԱՍՏՂ
TRIANGLE	ԵՌԱՆԿՅՈՒՆ

8 THE HEAD

Our face is the most expressive part of our body. We can convey a variety of emotions with the 43 muscles we have in our face. Below are some words related to your face and head.

Է	C	E	Յ	Փ	Ռ	Ա	Գ	Լ	Գ	Լ	Ո	Ւ	Խ	Խ
E	N	C	N	O	S	E	H	S	A	L	E	Y	E	Q
Ջ	O	H	H	D	H	L	Բ	S	N	I	R	S	Հ	D
O	S	I	E	E	T	Շ	T	Չ	Ձ	P	Պ	Մ	Ի	F
Ք	Ժ	N	E	Y	E	B	R	O	W	S	Ա	O	O	A
Հ	Թ	R	Պ	Հ	E	K	N	Յ	N	Զ	A	R	H	C
Ղ	Ջ	Ի	Ո	Ջ	T	Դ	Գ	Շ	Ե	G	E	T	M	E
Ր	Ե	Ն	Ք	Ն	Ւ	Ո	Թ	Ր	Շ	H	U	D	S	A
Ա	Ք	Ճ	Ա	Կ	Ա	S	Ծ	Բ	E	O	A	E	L	R
Չ	S	Թ	Զ	Կ	Ճ	Մ	Ե	A	M	E	H	I	Ե	Վ
Ք	G	Ա	C	U	Ա	Ր	D	A	H	N	Ց	I	R	I
J	Կ	Ր	Մ	E	Ա	Յ	Ք	C	Թ	V	H	Դ	T	T
M	O	Թ	Ճ	Ն	S	Մ	S	L	Ի	F	R	Ք	Դ	E
Ա	Ե	Ի	Ն	Լ	Ե	Զ	Ո	Ւ	F	C	Ջ	Ք	M	J
A	A	Չ	O	Դ	Ե	Ր	Շ	T	Է	F	L	N	Ց	Ն

CHEEK	ԱՅՏ
CHIN	ԿԶԱԿ
EAR	ԱԿԱՆՋ
EYE	ԱՉՔ
EYEBROWS	ՀՈՆՔ
EYELASHES	ԹԱՐԹԻՉ
FACE	ԴԵՄՔ
FOREHEAD	ՃԱԿԱՏ
HAIR	ՄԱԶԵՐ
HEAD	ԳԼՈՒԽ
LIPS	ՇՐԹՈՒՆՔՆԵՐ
MOUTH	ԲԵՐԱՆ
NOSE	ՔԻԹ
TEETH	ԱՏԱՄՆԵՐ
TONGUE	ԼԵԶՈՒ

THE BODY

9

The human body is a remarkable thing, with hundreds of specialized parts that we take for granted every day. Here is a list of some important parts of the body to remember.

Ր	A	Ժ	Q	Ժ	Յ	Թ	Ւ	Ո	Բ	Ի	Ք	S	Ո	Ք
E	D	A	L	B	R	E	D	L	U	O	H	S	W	Ա
Մ	C	T	M	E	Ւ	Բ	Կ	E	E	E	Պ	T	R	Խ
Չ	Ֆ	U	G	C	Ք	S	Ո	G	A	Կ	Թ	Մ	I	Ա
R	H	N	Ժ	Շ	U	Y	Վ	Ւ	Կ	Ա	Ե	A	S	F
T	I	T	E	A	C	Ւ	Դ	Ւ	Թ	Ջ	Ե	Փ	T	Շ
F	O	O	T	Մ	L	A	Ո	Ա	Ք	Խ	Ը	Ծ	S	S
E	T	Ն	Ռ	R	Ա	Զ	Ն	Ռ	U	D	Թ	Ո	I	H
Զ	Գ	Ո	S	Կ	Ա	S	Ե	Ղ	T	S	Ի	Ւ	A	O
S	Ի	U	Ւ	Բ	Ո	Ձ	O	Ք	L	A	Ա	Ն	W	U
Յ	M	Ո	Ե	G	Ծ	N	O	Ֆ	H	Ւ	Կ	Կ	O	L
W	S	Ե	A	N	Y	O	Ե	D	T	I	Դ	Ֆ	B	D
Պ	T	Պ	Ի	R	Բ	Ձ	Ծ	Յ	N	I	P	P	L	E
C	Բ	Զ	M	Ֆ	I	S	N	E	Ժ	A	R	M	E	R
Ղ	E	N	Ո	Ը	L	E	O	Չ	E	S	H	Q	U	V

ARM	ԲԱԶՈՒԿ
ELBOW	ԾՈՒՆԿ
FINGER	ՄԱՏ
FOOT	ՈՏՆԱԹԱԹ
HAND	ՁԵՌՔ
HIP	ՄԵՋՔ
LEG	ՈՏՔ
NIPPLE	ՊՏՈՒԿ
SHOULDER	ՈՒՍ
SHOULDER BLADE	ԹԻԱԿ
THUMB	ԲՈՒԹ
TOE	ՈՏՔԻ ԲՈՒԹ
WAIST	ԳՈՏԿԱՏԵՂ
WRIST	ԴԱՍՏԱԿ

THE BODY 2

10

Skin is the largest human organ and is approximately 15% of your body weight. Search for these other parts of the body and their translations in the puzzle grid below.

S	Y	H	A	Մ	Ւ	Ծ	Ի	A	T	S	N	Ի	H	Զ
Ս	Թ	Ե	Վ	Ա	S	Ա	Կ	Ն	H	A	F	N	H	S
D	Ր	V	S	Ր	Ո	Պ	Ր	Ա	I	N	O	Յ	Խ	K
Չ	Ք	Ո	T	Մ	Փ	A	Ծ	Խ	G	K	R	R	F	C
Ճ	Ե	L	Ւ	Ի	Կ	I	Ք	Ա	H	L	E	L	H	O
Ե	Ղ	Ո	Ւ	Ն	Գ	O	Ա	Բ	Բ	E	A	Շ	S	T
O	Կ	Ը	Ւ	Չ	Ք	O	Վ	Ա	Կ	C	R	Շ	K	T
Մ	Ր	Ո	N	Խ	N	Ք	Ա	Զ	S	T	M	Հ	I	U
Ա	Ծ	V	Ձ	Մ	S	Ի	Ն	Ո	O	U	Ե	P	N	B
T	Զ	Պ	Ճ	E	Ա	T	Դ	Ւ	Ն	S	M	V	A	R
Գ	Ր	Դ	Թ	Ո	Ճ	Շ	Ա	Կ	Ո	R	S	C	Ծ	E
Վ	K	Դ	Ր	Ո	Կ	Ո	Կ	Ւ	A	Կ	K	Վ	R	A
Է	Ի	N	Y	D	O	B	Յ	Ի	G	C	Ի	Ձ	T	S
Զ	W	V	E	Կ	Զ	Ք	Ե	S	E	Զ	Յ	Թ	Ր	T
Յ	N	A	V	E	L	I	A	N	R	E	G	N	I	F

ANKLE
ARMPIT
BACK
BODY
BREAST
BUTTOCKS
CALF
FINGERNAIL
FOREARM
KNEE
NAVEL
NECK
SKIN
THIGH
THROAT

ԿՈՃ
ԹԵՎԱՏԱԿ
ԹԻԿՈՒՆՔ
ՄԱՐՄԻՆ
ԿՐԾՔԱՎԱՆԴԱԿ
ՀԵՏՈՒՅՔ
ՍՐՈՒՆՔ
ԵՂՈՒՆԳ
ՆԱԽԱԲԱԶՈՒԿ
ԾՈՒՆԿ
ՊՈՐՏ
ՎԻԶ
ՄԱՇԿ
ԱԶԴՐ
ԿՈԿՈՐԴ

ON THE INSIDE

11

Our internal organs regulate the body's critical systems, providing us with oxygen and energy, and filtering out toxins. Check out this list of squishy but important body parts.

Ն	O	E	N	I	T	S	E	T	N	I	L	L	A	M	S
Ի	K	I	D	N	E	Y	Ը	S	Ձ	H	Ծ	Ծ	P	Ծ	E
Յ	N	E	E	L	P	S	A	E	R	C	N	A	P	L	I
Ա	Ղ	Պ	Չ	E	S	Խ	Ն	L	B	A	I	Ր	E	Ֆ	R
U	Ն	Ա	Ւ	Կ	Է	Ւ	Ա	C	Ր	M	A	Ւ	N	Ա	E
Ք	Ւ	Ո	Ծ	T	Ո	Ղ	O	S	Ե	O	R	W	D	N	T
Ո	L	Ե	Թ	Յ	Ի	Ւ	O	U	Ն	T	B	T	I	Թ	R
Մ	D	Չ	Ր	Ն	Ա	Ղ	Յ	M	Ի	S	I	Y	X	E	A
Ա	S	Ա	Ե	Ա	Ե	Փ	S	Ր	Ղ	Ֆ	Փ	K	V	Վ	S
S	Ք	Ր	Ռ	Ղ	Կ	Ր	Ե	U	Ա	Դ	Մ	I	V	O	Ա
U	A	U	Ւ	M	Ի	Ն	Ի	D	S	Ղ	L	Ն	E	O	Շ
Ա	Ք	Ո	Թ	U	Ն	H	Ե	Կ	U	Ա	Ի	U	I	S	Գ
Թ	A	Դ	Ր	Ա	Յ	L	E	Ր	Ա	Պ	Մ	Ք	N	E	I
Ն	T	L	Կ	Ձ	A	A	V	A	Հ	Մ	Ջ	Ո	S	G	O
Ե	Պ	Մ	B	L	O	O	D	Ջ	R	Z	O	Ճ	Ք	Ֆ	S
L	A	R	G	E	I	N	T	E	S	T	I	N	E	U	Է

APPENDIX	ԿՈՒՅՐԱՂԻՔ
ARTERIES	ԱՆՈԹՆԵՐ
BLOOD	ԱՐՅՈՒՆ
BRAIN	ՈՒՂԵՂ
HEART	ՍԻՐՏ
KIDNEY	ԵՐԻԿԱՄ
LARGE INTESTINE	ՀԱՍՏ ԱՂԻՆԵՐ
LIVER	ԼՅԱՐԴ
LUNGS	ԹՈՔ
MUSCLES	ՄԿԱՆՆԵՐ
PANCREAS	ԵՆԹԱՍՏԱՄՈՔՍԱՅԻՆ գեղձ
SMALL INTESTINE	ԱՂԻՆԵՐ
SPLEEN	ՓԱՅԾԱՂ
STOMACH	ՍՏԱՄՈՔՍ
VEINS	ԵՐԱԿՆԵՐ

EARTH

12

The Earth is an enormous place that time has divided up into continents and oceans. Take some time and memorize these words that define our Earth.

U	U	Ռ	Ա	Ն	Տ	Ա	Ր	Կ	Տ	Ի	Դ	Ա	Խ	Փ	O	Է
A	Ո	Ծ	E	Ն	Ւ	Ո	Յ	Թ	Ւ	Ո	Ր	Ա	Կ	Ր	Ե	Ռ
N	I	Ն	R	Ա	S	Ո	C	Ր	L	E	Դ	Կ	Ռ	R	Ե	R
T	A	L	Ա	Ա	A	Ա	Յ	O	Ե	Ա	U	Ե	U	Վ	A	P
A	R	E	Վ	Ի	Ֆ	C	N	Թ	Դ	A	Վ	R	Ե	A	C	A
R	N	Կ	C	Ր	Կ	G	I	O	Ւ	Ե	F	Բ	O	S	I	C
C	Է	O	Ի	O	I	Վ	Վ	R	Բ	Ո	Ն	R	O	P	R	I
T	Ի	Կ	R	T	C	Կ	O	Ն	E	Ի	Ն	U	I	O	E	F
I	Ա	Ձ	U	T	Ի	I	Ի	Ն	Յ	M	T	Յ	T	C	M	I
C	Մ	D	N	Ա	H	Յ	T	Ա	Ա	H	A	A	Ա	Հ	A	C
A	E	Փ	Ն	Ե	Ա	P	U	N	P	Յ	U	H	E	L	H	O
Ա	Պ	Ո	Ր	Վ	Ե	Ի	O	O	A	Q	S	Յ	T	Խ	T	C
Ի	U	D	Ա	Ա	U	Յ	L	L	E	L	V	Ն	A	R	U	E
U	I	Ր	Յ	Ւ	Ռ	E	R	Ջ	E	E	T	L	Ա	I	O	A
Ա	Ա	Գ	Ո	G	Ժ	E	D	U	T	I	T	A	L	L	S	N
Հ	Հ	Յ	Ո	Ւ	U	Ի	U	Ա	Յ	Ի	Ն	F	A	Դ	S	A
L	Հ	Ա	Ր	Ա	Վ	Ա	Յ	Ի	Ն	Ա	Մ	Ե	Ր	Ի	Կ	Ա

AFRICA	ԱՖՐԻԿԱ
ANTARCTICA	ԱՆՏԱՐԿՏԻԴԱ
ASIA	ԱՍԻԱ
ATLANTIC OCEAN	ԱՏԼԱՆՏՅԱՆ ՕՎԿԻԱՆՈՍ
EQUATOR	ԷԿՎԱՏՈՐ
EUROPE	ԵՎՐՈՊԱ
LATITUDE	ԼԱՅՆՈՒԹՅՈՒՆ
LONGITUDE	ԵՐԿԱՐՈՒԹՅՈՒՆ
NORTH AMERICA	ՀՅՈՒՍԻՍԱՅԻՆ ամերիկա
NORTH POLE	ՀՅՈՒՍԻՍԱՅԻՆ ԲԵՎԵՌ
PACIFIC OCEAN	ԽԱՂԱՂ ՕՎԿԻԱՆՈՍ
SOUTH AMERICA	ՀԱՐԱՎԱՅԻՆ ԱՄԵՐԻԿԱ
SOUTH POLE	ՀԱՐԱՎԱՅԻՆ ԲԵՎԵՌ

GEOGRAPHY

13

Time to zoom in and take a look at some geographical features that make up our planet. Fly over mountains, forests and glaciers as you reflect on the beauty of nature.

Թ	E	Ց	Ւ	Վ	Ս	Ս	Ա	Ռ	Ց	Ա	Դ	Ա	Շ	Տ
T	Ւ	L	Վ	H	H	Բ	M	T	P	C	I	T	Y	S
W	Ե	Ո	Հ	Թ	C	T	S	E	R	O	F	Կ	S	R
Ռ	Ծ	Ղ	Խ	G	L	A	C	I	E	R	Ր	D	Ն	I
Ք	Ֆ	Ա	Ա	Ա	O	Ւ	E	O	N	A	C	L	O	V
P	Պ	Փ	Ն	C	S	E	D	B	Թ	L	R	S	C	E
T	O	S	O	S	Ք	U	H	E	A	R	A	F	E	R
L	Ա	Մ	Վ	Ե	Ա	A	Ւ	K	S	E	T	I	A	Ճ
Ռ	Ա	L	Կ	Գ	Ղ	Պ	E	Ո	O	E	E	U	N	I
Կ	Ղ	Զ	Ի	S	Ա	Պ	Ա	S	Բ	F	R	Ռ	Թ	D
Կ	Ն	R	Ա	Ճ	Ք	Վ	Ճ	Ն	Կ	Ն	S	T	N	I
Ֆ	E	Ճ	Ն	Ա	Ր	Ա	Ն	Ռ	Ա	Խ	O	A	Զ	Պ
Ի	Խ	Ւ	Ո	Բ	Ա	Ր	Հ	Ք	Ղ	R	L	G	Ֆ	Փ
P	O	T	U	G	Զ	H	Ւ	Բ	E	S	B	Ք	Ճ	L
Ծ	T	E	M	O	U	N	T	A	I	N	A	Ա	Ի	Բ

BEACH	ԼՈՂԱՓ
CITY	ՔԱՂԱՔ
COAST	ԱՓ
CORAL REEF	ԲՈՒՍՏԱԽՈՒԹ
CRATER	ԽԱՌՆԱՐԱՆ
DESERT	ԱՆԱՊԱՏ
FOREST	ԱՆՏԱՌ
GLACIER	ՍԱՌՑԱԴԱՇՏ
ISLAND	ԿՂԶԻ
LAKE	ԼԻՃ
MOUNTAIN	ԼԵՌ
OCEAN	ՕՎԿԻԱՆՈՍ
RIVER	ԳԵՏ
SEA	ԾՈՎ
VOLCANO	ՀՐԱԲՈՒԽ

WEATHER

14

Today's weather forecast shows a 100% chance of learning some important weather terms.

Ջ	C	I	R	T	E	M	O	R	A	B	G	W	L	Բ	Ե
Վ	O	T	B	G	N	I	N	T	H	G	I	L	Շ	Ա	E
R	L	W	R	Խ	A	Գ	Է	O	S	Վ	Ց	Ո	Ւ	Ր	S
M	D	A	Չ	A	C	D	Է	C	Խ	G	Կ	E	Ծ	Ո	Ո
R	I	R	T	L	I	Ք	Ղ	Ւ	Ո	Խ	Ա	Ռ	Ա	Մ	Մ
N	Ի	M	O	M	R	N	Խ	A	Ն	D	Յ	S	Մ	Ե	Ա
Հ	D	U	U	Y	R	I	B	Ւ	Ա	A	Ծ	Ք	Ա	S	Ք
Է	D	H	D	H	U	E	Ո	O	Վ	O	Ա	Ե	Պ	Ր	Ծ
Y	N	N	U	S	H	Յ	D	R	W	Ն	Կ	I	Մ	Ի	Ը
G	I	H	S	U	Ձ	O	Կ	N	Ձ	Ա	Ը	Բ	Ա	Կ	Ֆ
W	O	N	S	A	D	Ը	C	Ր	U	T	Ր	Ծ	Ջ	Ճ	L
T	E	F	T	Պ	O	Գ	Ե	U	I	H	Ա	Ե	Ւ	Ն	A
M	Ե	Պ	Ո	T	D	Վ	O	Է	Մ	Ն	T	E	Վ	Շ	Շ
Ց	Դ	E	H	O	Ֆ	F	Չ	L	Կ	Ի	Ր	Ո	Թ	Ո	Փ
Է	Ծ	Ե	Y	Ց	Պ	Ո	M	R	Ջ	H	Յ	Ո	Գ	Ւ	S
Պ	Շ	N	Պ	Ք	Ք	O	Ի	Դ	Փ	Պ	Ո	Ր	Պ	Մ	Ա

BAROMETRIC pressure	ԲԱՐՈՄԵՏՐԻԿ ՃՆՇՈՒՄ
CLOUDY	ԱՄՊԱՄԱԾ
COLD	ՑՈՒՐՏ
FOG	ՄԱՌԱԽՈՒՂ
HOT	ՇՈԳ
HUMID	ԽՈՆԱՎ
HURRICANE	ՓՈԹՈՐԻԿ
LIGHTNING	ԿԱՅԾԱԿ
RAIN	ԱՆՁՐԵՎ
RAINBOW	ԾԻԱԾԱՆ
SNOW	ՁՅՈՒՆ
SUNNY	ԱՐԵՎՈՏ
THUNDER	ԱՄՊՐՈՊ
WARM	ՏԱՔ
WINDY	ՔԱՄՈՏ

AFRICAN ANIMALS

15

Let's go on a word safari to search for some of Africa's most famous animals. Elephants and lions are hiding somewhere below.

E	S	N	S	N	Ի	Ձ	Ա	Ր	Գ	Ա	Վ	U	Փ	Շ	P
Ղ	Ղ	S	O	U	Բ	I	Մ	T	Յ	Ե	F	Մ	Ի	Ր	Ռ
Ե	Ւ	Ո	O	Ո	M	Ա	Ը	Ծ	N	E	S	Մ	Ղ	Ն	G
A	Ո	Ղ	Ր	R	L	A	Ք	Ն	E	A	Պ	Ա	Գ	I	I
E	Ձ	Ե	Զ	Յ	E	Ա	T	Z	Ձ	Ա	H	Ե	Ձ	U	R
Շ	Ն	E	Ա	Ա	Ղ	C	N	O	Ն	Ա	Ղ	P	O	Ի	A
Ի	Ը	Ջ	Վ	Ֆ	Ր	A	O	Զ	P	Ջ	Ռ	S	E	Շ	F
P	N	Ի	Ո	Ձ	P	Ա	Ե	N	Յ	O	T	Յ	Ա	L	F
W	Հ	O	Հ	M	Փ	U	Վ	Ո	I	R	P	Ն	Ո	E	E
A	L	L	I	R	O	G	Ւ	Ի	I	H	Ա	P	P	Ւ	Է
R	T	H	P	L	N	Ր	Ղ	C	Ր	Գ	R	O	I	Խ	Ծ
T	C	H	E	E	T	A	H	Փ	L	Յ	L	G	B	H	Ւ
H	Բ	E	Ա	L	L	Ի	Ր	Ո	Գ	E	Ա	Ց	L	Y	Ո
O	Խ	Չ	Գ	Ղ	Ւ	O	Ւ	O	T	S	I	Վ	Ձ	E	Յ
G	Ը	Ն	Ց	Գ	T	Խ	Փ	N	O	O	B	A	B	N	Ռ
Ի	E	E	L	E	O	P	A	R	D	Z	E	B	R	A	Ա

ANTELOPE	ԱՅԾՔԱՂ
BABOON	ՇԱՆԱԳԼՈՒԽ
CHEETAH	ԸՆՁԱՌՅՈՒԾ
CHIMPANZEE	ՇԻՄՊԱՆԶԵ
ELEPHANT	ՓԻՂ
GIRAFFE	ԸՆՁՈՒՂՏ
GORILLA	ԳՈՐԻԼԼԱ
HIPPOPOTAMUS	ԳԵՏԱՁԻ
HYENA	ԲՈՐԵՆԻ
LEOPARD	ՀՈՎԱԶ
LION	ԱՌՅՈՒԾ
OSTRICH	ՋԱՅԼԱՄ
RHINOCEROS	ՌՆԳԵՂՋՅՈՒՐ
WARTHOG	ՎԱՅՐԻ ՎԱՐԱԶ
ZEBRA	ՎԱԳՐԱՁԻ

ANIMAL KINGDOM 1

16

A recent study estimated that there are approximately 8.7 million different species of life on Earth. Below are just a few examples for you to learn.

Զ	Զ	Ա	Վ	Ե	Գ	Ա	R	C	Փ	Ռ	N	R	Ճ	Շ
N	Ց	Մ	Ժ	O	M	W	A	Դ	D	Ն	X	Չ	L	Ֆ
T	Թ	Ե	Ւ	Կ	O	G	U	O	Ն	Z	Ւ	O	I	Յ
T	E	Ր	Ն	L	U	R	G	Ի	S	Ղ	Ւ	Ո	Բ	Ռ
Ց	Ւ	Ի	F	O	S	T	A	C	Դ	Ա	P	Ե	Շ	O
Վ	Գ	Կ	Ա	O	E	Ք	J	G	Ց	E	Վ	Ժ	Ր	O
Գ	Ա	Յ	L	E	X	Ն	Ճ	N	N	Ե	R	Ե	Է	J
E	S	Ա	Ա	Ւ	Յ	R	Կ	G	Ր	A	Ը	O	Թ	Փ
Է	Ո	Ն	Վ	U	M	T	U	Ա	B	Գ	K	E	K	Թ
Չ	T	Յ	Ա	Ե	Զ	I	Յ	B	S	R	Ա	O	T	Ձ
Ֆ	A	Ո	Ն	Վ	N	Ի	I	Պ	L	Ո	Բ	Վ	I	O
Մ	Ժ	Վ	Ա	Ղ	Ն	T	M	U	L	E	Ւ	R	G	K
Ո	Կ	Ա	Կ	Ա	S	U	Ա	Պ	Ա	Ն	M	T	E	O
Ւ	T	Զ	Ր	T	P	O	L	A	R	B	E	A	R	S
Կ	Ի	Ջ	Ղ	Չ	Ղ	Ք	I	Զ	E	Փ	Ր	B	C	A

BAT	ՉՂՋԻԿ
CAMEL	ՈՒՂՏ
CAT	ԿԱՏՈՒ
DOG	ՇՈՒՆ
FOX	ԱՂՎԵՍ
JAGUAR	ԱՄԵՐԻԿՅԱՆ ՅՈՎԱԶ
KANGAROO	ԱԳԵՎԱԶ
MOUSE	ՄՈՒԿ
MULE	ԱՎԱՆԱԿ
PENGUIN	ԹԵՎԱՏ
POLAR BEAR	ԲԵՎԵՐԱՅԻՆ ԱՐՋ
RABBIT	ՆԱՊԱՍՏԱԿ
TIGER	ՎԱԳՐ
WOLF	ԳԱՅԼ

ANIMAL KINGDOM 2

17

Another study estimates that approximatley 150-200 species are going extinct every 24 hours. Find the animals below before they disappear forever.

C	Ջ	Ը	Ռ	A	E	Ը	Բ	R	A	C	C	O	O	N
R	Ր	Ւ	Ւ	Ա	S	Ղ	I	Մ	R	H	S	U	W	Խ
O	Ա	Ւ	Ո	H	Ւ	Չ	Ա	E	A	I	U	Ո	Ը	L
C	Ր	R	Յ	Ո	H	Ց	V	Ա	E	P	Բ	L	W	Ն
O	Ջ	Ժ	Կ	Ժ	Ա	A	T	S	B	M	Ջ	Ի	Գ	Ա
D	Վ	Ր	U	Ռ	E	A	E	B	K	U	Ն	Դ	Ռ	S
I	Ո	Ձ	Ա	B	R	T	M	N	C	N	Ւ	Ր	Ր	Ւ
L	O	Խ	Կ	Վ	H	Վ	U	A	A	K	Ե	Ո	U	Ո
E	Ո	R	Դ	V	Ե	K	Բ	T	L	Ժ	Գ	Կ	Բ	Գ
Զ	Զ	S	Ն	Ն	S	U	U	T	B	L	Ո	Ո	S	Ն
U	N	Ը	Ճ	W	N	G	O	R	F	Ւ	Ֆ	Կ	Ե	Ա
Ծ	E	N	E	Զ	N	Մ	Ձ	Խ	Ն	Յ	Ղ	A	Ն	Ր
U	Ն	E	K	A	N	S	Խ	U	Կ	Յ	Ո	Ւ	Ռ	O
L	E	R	R	I	U	Q	S	O	O	Ֆ	Ա	Մ	Ա	L
T	P	O	R	C	U	P	I	N	E	E	Դ	Ձ	O	M

BEAVER	ԿՈՒՂԲ
BLACK BEAR	ՍԵՎ ԱՐՋ
CHIPMUNK	ՃՆԴԿԱՍԿՅՈՒՌ
CROCODILE	ԿՈԿՈՐԴԻԼՈՍ
FROG	ԳՈՐՏ
LLAMA	ԼԱՄԱ
ORANGUTAN	ՕՐԱՆԳՈՒՏԱՆ
OWL	ԲՈՒ
PORCUPINE	ՄԱՑԱՌԱԽՈԶ
RACCOON	ՋՐԱՐՋ
RAT	ԱՌՆԵՏ
SKUNK	ՍԿՈՒՆՍ
SNAKE	ՕՁ
SQUIRREL	ՍԿՅՈՒՌ

SEA LIFE

18

The blue whale is the largest animal on Earth. It's heart is the size of a car and can weigh as much as 50 elephants. Search the depths of the puzzle below for some other fascinating sea creatures.

W	H	A	L	E	Խ	N	O	I	L	A	E	S	S	S
B	A	R	C	L	Չ	Ե	E	L	T	R	U	T	Դ	Ր
Ի	I	L	D	S	Ւ	W	Չ	L	Ֆ	P	I	Ր	Յ	E
S	Ր	O	R	Q	Վ	Ո	A	Ա	O	H	T	Ա	Մ	Ճ
Ե	H	B	G	U	Զ	E	Ց	T	Բ	A	Մ	Վ	Մ	Խ
Կ	S	S	N	I	S	Կ	C	Ա	E	Ա	Ռ	Կ	Ե	S
Ն	I	T	I	D	E	O	Ւ	Կ	Վ	M	Ր	Ց	L	Ծ
Ա	F	E	H	F	Բ	K	Յ	Ո	F	Ո	Գ	Յ	Ա	Ւ
Պ	Y	R	P	Ղ	R	R	Ծ	I	Ն	Ե	Ծ	L	Ն	Ո
U	L	Ք	L	H	Ը	A	S	A	S	S	Ն	O	Ա	Յ
Ա	L	H	O	G	Խ	H	T	Ի	Թ	Ձ	Ո	Փ	Ձ	Ռ
Դ	E	Ո	D	R	E	S	Ն	S	E	R	Ո	Թ	Ո	Ա
Ր	J	W	Մ	Ո	C	E	Ջ	Թ	F	Կ	H	Ւ	Ւ	Վ
Ա	Ի	Ր	Կ	B	Ի	A	Ճ	Ն	Ա	Ձ	Ո	Ւ	Կ	Ո
Մ	Ե	Ն	Ի	Բ	L	Դ	S	Ղ	S	U	Ա	Վ	Ո	Ծ

TURTLE	ԿՐԻԱ
CRAB	ԽԵՉԱԲԱՐ
DOLPHIN	ԴԼԲԻՆ
FISH	ՁՈՒԿ
JELLYFISH	ԾՈՎԱՄԱՅՐ
LOBSTER	ԽԵՑԳԵՏԻՆ
OCTOPUS	ՈՒԹՈՏՆՈՒԿ
ORCA	ՄԱՐԴԱՍՊԱՆ ԿԵՏ
SEA LION	ԾՈՎԱՌՅՈՒԾ
SEAL	ՓՈԿ
SHARK	ՇՆԱՁՈՒԿ
SQUID	ՄԵԼԱՆԱՁՈՒԿ
STARFISH	ԾՈՎԱՍՏՂ
WALRUS	ԾՈՎԱՑՈՒԼ
WHALE	ԿԵՏ

FAMILY 1

19

Are you married? Do you have any siblings? Here is a list of terms that will help you to describe your nearest and dearest

Ր	O	N	E	P	H	E	W	Զ	Ջ	D	F	L	P	Ա
Յ	Ե	R	E	H	T	A	F	D	N	A	R	G	A	U
Ւ	Խ	Ն	Զ	R	Թ	N	Ր	A	M	U	Ր	H	R	N
Ո	Կ	M	Ա	Ո	D	Ե	U	I	T	G	T	E	E	C
Ք	Ֆ	Ի	Ր	Խ	Ն	L	L	A	Ը	H	H	L	N	L
Ա	Ւ	Դ	Մ	Ղ	Ե	Y	I	Յ	R	T	E	L	T	E
Ր	Ի	O	Ո	Ր	O	Ր	N	H	O	E	T	R	S	C
Ո	Բ	Ն	Ւ	Պ	Ա	Պ	Ե	R	C	R	H	C	Ց	E
Հ	Ծ	Ք	Հ	Հ	Ո	Զ	B	Ղ	E	Հ	Մ	T	Վ	I
H	R	Ք	Ի	Ն	Ա	S	Ն	Ը	Բ	T	S	Ա	O	N
L	Պ	R	Ց	Մ	Ա	Յ	Ր	L	O	Ա	S	L	Ճ	M
Ն	Ծ	E	Ք	Ո	Ւ	Յ	Ր	S	S	Ր	Յ	I	K	A
Զ	Բ	O	Ի	Զ	O	O	Դ	Ո	Ւ	U	S	Ր	S	Խ
G	R	A	N	D	M	O	T	H	E	R	S	F	O	Չ
Ֆ	Ր	Յ	Ա	Բ	Ղ	Ե	Ր	Ո	Հ	I	Ժ	O	N	A

AUNT	ՀՈՐԱՔՈՒՅՐ
BROTHER	ԵՂԲԱՅՐ
CHILDREN	ԵՐԵԽԱՆԵՐ
DAUGHTER	ԴՈՒՍՏՐ
FAMILY	ԸՆՏԱՆԻՔ
FATHER	ՀԱՅՐ
GRANDFATHER	ՊԱՊ
GRANDMOTHER	ՏԱՏ
MOTHER	ՄԱՅՐ
NEPHEW	ԶԱՐՄԻԿ
NIECE	ԶԱՐՄՈՒՀԻ
PARENTS	ԾՆՈՂՆԵՐ
SISTER	ՔՈՒՅՐ
SON	ՈՐԴԻ
UNCLE	ՀՈՐԵՂԲԱՅՐ

FAMILY 2

20

Here are some more family members that you might be particularly fond of (or perhaps not)

վ	E	F	I	W	R	ա	մ	ո	ւ	ս	ի	ն	D	I
խ	R	B	A	B	Y	S	O	N	I	N	L	A	W	H
չ	S	E	N	T	ռ	O	I	մ	U	Z	U	G	մ	ֆ
վ	I	ս	T	ճ	H	S	ի	կ	C	G	H	I	ց	W
պ	S	կ	ւ	H	U	E	ե	հ	H	ց	M	R	A	ռ
ի	T	ե	ւ	O	G	U	R	T	ւ	O	փ	L	U	ք
հ	E	ս	C	ո	ր	U	E	I	T	ո	N	ե	ը	տ
ւ	R	ո	ն	ա	ն	R	A	H	N	I	ն	J	U	ղ
ո	I	ւ	յ	ի	I	ա	E	D	R	L	պ	ռ	թ	ա
մ	N	ր	կ	N	ղ	R	մ	E	D	W	A	W	ո	ւ
ր	L	L	L	ջ	I	D	H	վ	T	N	հ	W	ռ	թ
ա	A	A	ի	N	B	T	H	U	S	B	A	N	D	U
զ	W	կ	L	N	O	S	D	N	A	R	G	R	ր	թ
Y	թ	A	O	R	Y	գ	ա	ձ	ր	ե	ն	ա	G	W
T	W	U	B	M	E	ճ	յ	ս	ր	ա	հ	B	ծ	ե

BROTHER-IN-LAW	աներձագ
BABY	մանուկ
BOY	տղա
COUSIN	զարմուհի
DAUGHTER-IN-LAW	հարս
FATHER-IN-LAW	սկեսրայր
GIRL	աղջիկ
GRANDDAUGHTER	թոռնուհի
GRANDSON	թոռ
HUSBAND	ամուսին
MOTHER-IN-LAW	սկեսուր
SISTER-IN-LAW	հարս
SON-IN-LAW	փեսա
WIFE	կին

VERBS 1

21

Actions speak louder than words. Here is a list of common verbs that you might encounter in your travels.

O	N	L	I	T	O	F	O	L	L	O	W	Ճ	E	Ֆ
S	L	Ե	S	U	Ա	Ր	S	Ա	Պ	L	N	L	Ո	Չ
L	Ր	Ն	Ց	Ը	Ւ	Չ	A	L	Թ	Պ	Ի	E	G	Վ
P	Վ	Ց	Գ	R	L	H	T	Ծ	Ե	Ն	Ժ	L	Ւ	O
Ք	Ա	Ր	Շ	S	Ա	L	Ե	Վ	Ե	S	Ե	Հ	Կ	Ճ
Վ	E	Ա	Մ	S	Ա	Ծ	Ե	L	Ճ	U	Ւ	Փ	Ա	Ո
P	G	Հ	E	Ի	Ձ	Y	K	Ն	Ա	Ա	R	Ո	Ր	Թ
E	N	Չ	T	S	R	N	E	Պ	U	A	Ր	Խ	Դ	N
E	A	U	S	R	I	D	U	B	E	Ե	O	Ե	Ա	Ֆ
L	H	G	A	H	T	T	T	H	O	Է	S	L	L	Փ
S	C	C	T	O	C	O	O	K	T	T	Ձ	Ե	U	Ա
O	O	O	S	O	Ց	T	R	A	O	F	Ն	Գ	Ե	H
T	T	I	A	W	O	T	E	P	S	Ք	Չ	Ր	L	Մ
S	N	Ո	L	T	O	E	A	T	E	K	S	Ե	Ռ	T
G	S	T	Ձ	Վ	Կ	Y	D	O	E	C	O	S	Ժ	Խ

TO ASK	ՀԱՐՑՆԵԼ
TO BE	ԼԻՆԵԼ
TO CARRY	ՔԱՐՇ ՏԱԼ
TO CHANGE	ՓՈԽԵԼ
TO COOK	ՊԱՏՐԱՍՏԵԼ
TO EAT	ՈՒՏԵԼ
TO FOLLOW	ՀԵՏԵՎԵԼ
TO HEAR	ԼՍԵԼ
TO PAY	ՎՃԱՐԵԼ
TO READ	ԿԱՐԴԱԼ
TO SEE	ՏԵՍՆԵԼ
TO SING	ԵՐԳԵԼ
TO SLEEP	ՔՆԵԼ
TO THINK	ՄՏԱԾԵԼ
TO WAIT	ՍՊԱՍԵԼ

VERBS 2

22

There are thousands of verbs in use today.
Here are some more popular verbs to practice.
Find the translations below.

Z	A	L	E	V	A	R	T	O	T	T	Ծ	T	Բ	Ք
E	L	L	E	S	O	T	E	M	O	C	O	T	Ձ	N
K	N	I	R	D	O	T	U	H	F	U	L	R	O	Ճ
A	T	I	O	F	O	L	A	Ղ	N	T	Ե	O	Մ	N
T	Կ	T	I	S	Բ	V	C	D	Շ	O	Դ	F	O	Ժ
O	Ն	N	P	L	E	O	E	O	G	H	Ր	K	Պ	K
T	D	E	N	V	Ե	R	Գ	A	T	E	Ո	O	T	R
Շ	A	U	O	Խ	S	Ռ	Հ	Ն	L	L	Հ	O	Ձ	O
K	Վ	L	Մ	T	W	Կ	Ա	Ռ	Ե	P	Ր	L	F	W
Ժ	O	Ե	A	I	U	H	U	Ճ	S	L	Ա	O	Մ	O
T	L	N	Ր	Ի	Ղ	Գ	Կ	Բ	Ա	Հ	Պ	T	Գ	T
Գ	D	L	Ր	Ց	S	Ռ	Ա	Փ	Խ	Վ	Ա	Ղ	S	I
Ը	L	Ե	Ր	S	Ն	Փ	Ն	L	Շ	T	Ն	Ն	Ն	U
Կ	L	Ե	U	Ո	Խ	Ե	Ա	Ժ	Ա	Փ	Ա	Կ	Ե	L
S	Ո	Ւ	Ն	Ե	Ն	Ա	L	Գ	D	Դ	Ճ	Մ	L	L

TO CLOSE	ՓԱԿԵԼ
TO COME	ԳԱԼ
TO DO	ԱՆԵԼ
TO DRINK	ԽՄԵԼ
TO FIND	ԳՏՆԵԼ
TO HAVE	ՈՒՆԵՆԱԼ
TO HELP	ՕԳՆԵԼ
TO LOOK FOR	ՓՆՏՐԵԼ
TO LOVE	ՍԻՐԵԼ
TO SELL	ՎԱՃԱՌԵԼ
TO SPEAK	ԽՈՍԵԼ
TO TAKE	ՎԵՐՑՆԵԼ
TO TRAVEL	ՃԱՆԱՊԱՐՀՈՐԴԵԼ
TO UNDERSTAND	ՀԱՍԿԱՆԱԼ
TO WORK	ԱՇԽԱՏԵԼ

VERBS 3

23

Languages typically have a mix of regular and irregular verbs. A regular verb has a predictable conjugation. An irregular verb has a conjugation that does not follow the typical pattern. In English, many of the most common verbs are irregular.

L	W	E	Ց	Ն	J	T	O	O	P	E	N	Ճ	Ժ	O
Ի	Է	O	Ք	Ա	Յ	L	Ե	L	T	W	U	Չ	U	Մ
R	S	T	N	Վ	Ն	W	Ե	I	H	O	R	Վ	Ո	Ի
Փ	Q	O	Յ	K	N	Կ	R	Ր	Շ	O	O	T	Վ	Մ
F	Ի	D	Ճ	Ջ	O	W	Ա	Ք	Ա	T	T	Ի	Ո	Ա
N	R	A	E	L	O	T	E	Ն	E	Պ	Ճ	S	Ր	Ն
Ֆ	T	N	T	T	O	Ղ	O	L	Ա	Ա	Ա	Y	Ե	Ա
Ղ	O	C	Ը	L	Է	Պ	B	P	Կ	L	D	U	L	L
Y	G	E	E	Ո	T	A	Խ	Ի	L	Ի	T	B	I	Ե
Չ	I	A	O	Զ	E	Ա	L	K	L	A	W	O	T	Ց
Դ	V	Ժ	L	B	Ղ	Ի	Գ	Ֆ	Ւ	O	Y	T	N	Ա
E	E	Ե	O	Ա	Ն	Գ	Վ	Ա	Զ	Ե	L	T	A	Բ
C	Ր	T	L	Ե	Ն	Ի	L	Ք	S	Ր	Ա	Պ	W	Ն
Գ	Ն	Ա	L	Ե	Ն	Ղ	Ո	Թ	T	T	O	G	O	Վ
Ս	Ղ	T	L	Ղ	E	I	N	Զ	Ծ	Է	Ա	K	T	L

TO BE ABLE TO — ԻՎԻՃԱԿԻ ԼԻՆԵԼ
TO BUY — ԳՆԵԼ
TO DANCE — ՊԱՐԵԼ
TO GIVE — ՏԱԼ
TO GO — ԳՆԱԼ
TO KNOW — ԻՄԱՆԱԼ
TO LEARN — ՍՈՎՈՐԵԼ
TO LEAVE — ԹՈՂՆԵԼ
TO OPEN — ԲԱՑԵԼ
TO OWE — ՊԱՐՏՔ ԼԻՆԵԼ
TO PLAY — ԽԱՂԱԼ
TO RUN — ՎԱԶԵԼ
TO WALK — ՔԱՅԼԵԼ
TO WANT — ՑԱՆԿԱՆԱԼ
TO WRITE — ԳՐԵԼ

FOOD 1

24

One of the greatures pleasures of travelling to another country is sampling the local cuisine. Study the word list below so you can order with confidence.

S	Բ	Փ	Բ	Ի	Ո	R	Ո	C	H	E	E	S	E	E
Շ	Ա	Ք	Ա	Ր	S	E	E	A	D	D	A	E	R	B
Ե	Ն	Ձ	Ի	Ե	Ը	Ե	G	T	Թ	L	T	L	U	Ւ
Գ	Ջ	Ն	Մ	Վ	Մ	S	U	G	A	R	Ը	B	T	S
Ճ	Ա	Ի	Ի	Ձ	O	F	K	D	S	W	L	A	R	Հ
Պ	Ր	Ր	U	G	R	U	O	L	F	Ց	E	T	Յ	Z
Գ	Ե	Բ	Ա	U	R	E	K	A	I	M	T	E	Դ	O
Ծ	Ղ	Ք	I	Կ	Մ	Չ	T	B	D	M	A	G	Ա	U
U	Ե	T	Ա	Փ	L	S	Ւ	T	Փ	T	L	E	L	U
Կ	Ն	S	S	Ն	A	Q	Շ	Ց	U	K	O	V	Ո	Գ
Ց	Ա	Հ	U	P	Է	A	F	Դ	Ջ	B	C	H	Կ	I
Հ	Ձ	Թ	Ա	Ռ	Ր	Դ	E	I	R	Ռ	O	L	Ո	G
Z	Ղ	E	Պ	Ւ	Ք	Z	U	O	Դ	I	H	L	Շ	Ա
C	Ա	Ր	Ո	P	K	Ջ	T	Ա	V	I	C	O	L	Հ
L	T	Ջ	T	O	Ո	Ց	Ա	H	S	Մ	Ճ	E	Դ	E

BREAD	ՀԱՑ
BUTTER	ԿԱՐԱԳ
CHEESE	ՊԱՆԻՐ
CHOCOLATE	ՇՈԿՈԼԱԴ
EGGS	ՁՎԵՐ
FLOUR	ՀԱՏԱԿ
FRUIT	ՄԻՐԳ
MEAT	ՄԻՍ
MILK	ԿԱԹ
PASTA	ՊԱՍՏԱ
RICE	ԲՐԻՆՁ
SALAD	ԱՂՑԱՆ
SUGAR	ՇԱՔԱՐ
VEGETABLES	ԲԱՆՋԱՐԵՂԵՆ
WATER	ՋՈՒՐ

FOOD 2

Want more? You have quite an appetite (for learning). Feast on this delicious buffet of mouth watering words.

Ա	H	Գ	Հ	Բ	Զ	W	Գ	C	S	Ջ	E	Ք	Վ	R
C	S	O	Ժ	I	E	N	Ա	Ի	S	S	Խ	Վ	Վ	Ի
Y	O	G	U	R	T	Պ	D	O	Ն	U	E	L	Ն	Չ
U	Կ	O	O	O	Ո	E	Ց	Ձ	Ն	Ի	Գ	Շ	N	N
Խ	P	Ա	K	Ւ	L	Զ	S	Ւ	P	Մ	Փ	N	R	F
M	O	Ղ	Ր	I	Ը	N	Ո	U	Ծ	Ի	U	X	Պ	M
A	R	Դ	O	Կ	E	Ծ	O	Խ	Ր	Ր	Ց	S	Ե	S
E	K	A	C	K	Ա	S	Ռ	Ւ	Ղ	Ա	Կ	Ե	A	P
R	N	R	C	Մ	N	Ն	Ո	Ֆ	Ե	Վ	Ա	Հ	N	O
C	E	I	E	Պ	T	Ջ	Դ	Ց	Մ	Ա	Ղ	W	Է	Ա
E	H	P	W	E	Ե	L	N	Ա	Ո	S	Ա	Է	R	O
C	O	Ռ	P	Ր	B	M	A	L	Կ	Ւ	Պ	S	S	Դ
I	N	Ա	Ա	E	Շ	Ը	Ծ	S	Ֆ	A	Ղ	N	T	Զ
Ք	E	Գ	E	Ռ	P	Ր	Ե	Ն	Ք	Ծ	Ա	Վ	Խ	Թ
Ը	Y	F	A	I	Ա	L	Զ	Ի	Ղ	Ե	Պ	Ղ	Պ	Ն

BEEF
BEER
CAKE
CHICKEN
COOKIES
HONEY
ICE CREAM
LAMB
OIL
PEPPER
PORK
SALT
SOUP
WINE
YOGURT

ՏԱՎԱՐԻ ՄԻՍ
ԳԱՐԵՋՈՒՐ
ԿԱՐԿԱՆԴԱԿ
ՀԱՎ
ԹԽՎԱԾՔՆԵՐ
ՄԵՂՐ
ՊԱՂՊԱՂԱԿ
ԳԱՌ
ՑՈՒՂ
ՊՂՊԵՂ
ԽՈԶ
ԱՂ
ԱՊՈՒՐ
ԳԻՆԻ
ՄԱԾՈՒՆ

FRUIT 1

26

A fruit is the part of a plant that surrounds the seeds, whereas a vegetable is a plant that has some other edible part. Tomatoes, cucumbers and peppers are three examples of fruit that are often classified as vegetables.

Ջ	Ի	Ն	S	Գ	Ծ	Ռ	Ա	Ե	Ճ	Թ	Ե	S	Բ	H
Ձ	Ն	Ա	S	T	Կ	Ի	S	Ր	Ո	Ն	E	Ռ	Ա	O
Մ	E	Ի	G	O	R	Ե	Ր	Ւ	Յ	I	Ւ	Ր	R	R
Ե	S	T	Ր	R	L	A	Ր	Ա	R	Ո	Ո	A	Վ	Ո
Ր	Խ	Ժ	A	Ա	A	Ի	W	R	Ն	Ձ	N	M	W	Ռ
Ո	Ե	L	Կ	N	Ն	P	E	B	Ն	G	E	N	A	C
Ւ	U	A	E	Ջ	A	B	E	Խ	E	L	K	P	T	G
Կ	Ա	R	Հ	G	E	R	Ա	F	O	R	R	Թ	E	R
Ւ	L	Ք	A	U	G	Յ	G	N	R	I	R	W	R	A
Ո	Ա	Ե	L	E	Ա	P	O	E	C	U	M	I	M	P
Բ	Պ	B	Պ	Ք	P	M	L	O	M	Չ	I	U	E	E
Մ	Ա	Ց	Ր	Ճ	E	E	T	A	Ի	O	Ք	T	L	S
U	Հ	Ա	E	L	P	P	A	E	N	I	P	H	O	P
S	O	U	Ա	L	Ո	Ր	L	C	C	T	A	U	N	I
Ղ	Ո	Ղ	Ա	Խ	E	Թ	Կ	L	H	Ձ	Ղ	Ե	Դ	F

APRICOT	ԾԻՐԱՆ
BLUEBERRIES	ՀԱՊԱԼԱՍ
EGGPLANT	ՍՄԲՈՒԿ
GRAPEFRUIT	ԹՈՒՐԻՆՋ
GRAPES	ԽԱՂՈՂ
LEMON	ԿԻՏՐՈՆ
MELON	ՍԵԽ
ORANGE	ՆԱՐԻՆՋ
PEACH	ԴԵՂՁ
PEAR	ՏԱՆՁ
PINEAPPLE	ԱՐՔԱՅԱԽՆՁՈՐ
PLUM	ՍԱԼՈՐ
POMEGRANATE	ՆՈՒՌ
STRAWBERRIES	ԵԼԱԿ
WATERMELON	ՁՄԵՐՈՒԿ

FRUIT 2

There are more than 7000 different varieties of apples being grown around the world today. Check out our produce section below for some more fresh and tasty fruit.

Փ	Մ	Բ	Զ	Կ	O	U	A	R	Z	Շ	E	Ի	E	O	Է
Ծ	Ւ	Ւ	B	Կ	Ա	N	Ա	U	Դ	P	E	Ճ	U	T	Ն
Ա	Ո	L	Ի	L	A	Ր	C	Զ	U	Ծ	Y	S	U	A	Մ
Թ	Դ	Մ	Ո	N	A	C	Մ	O	Ն	E	Ք	R	Ե	M	Ւ
G	Դ	Ա	A	L	H	C	L	Ի	L	Վ	A	Շ	Խ	O	Ո
Դ	R	B	Մ	I	Ի	A	K	L	Ր	S	Ա	Ո	Ն	T	Դ
C	V	E	N	Ա	T	Կ	O	B	P	Պ	N	Մ	Ձ	Դ	Դ
N	H	I	E	N	Թ	W	Ա	B	E	I	Ղ	Ձ	Ո	Մ	Ե
Ջ	A	E	A	N	P	Ո	E	Ն	K	R	Դ	Պ	Ր	Ր	Ղ
A	P	C	R	E	P	R	Ւ	P	Ա	T	R	E	Ե	Ղ	Ի
W	P	M	P	R	R	E	M	Զ	A	Չ	Է	I	L	Ղ	Ն
O	L	P	P	I	I	U	P	O	Ն	Պ	Պ	Փ	E	O	Պ
Զ	E	R	E	D	P	E	P	P	E	R	G	Ղ	Ց	S	Ղ
R	H	S	A	U	Q	S	S	E	E	M	I	L	Պ	Թ	Պ
O	L	Ա	Յ	Մ	H	J	Բ	Ա	L	R	F	C	T	Ե	Ե
O	Ք	W	Ե	Շ	F	V	Ը	Պ	Ֆ	I	Ե	P	Ը	Ջ	Ղ

APPLE	ԽՆՁՈՐ
BANANA	ԱԴԱՄԱԹՈՒԶ
BLACKBERRIES	ՄՈՇ
CANTALOUPE	ՍԵԽ
CHERRIES	ԲԱԼ
FIG	ԹՈՒԶ
GREEN PEPPER	ԿԱՆԱՉ ՊՂՊԵՂ
LIME	ԼԱՅՄ
PUMPKIN	ԴԴՈՒՄ
RASPBERRIES	ԱԶՆՎԱՄՈՐԻ
RED PEPPER	ԿԱՐՄԻՐ ՊՂՊԵՂ
SQUASH	ԴԴՈՒՄ
TOMATO	ԼՈԼԻԿ
YELLOW PEPPER	ԴԵՂԻՆ ՊՂՊԵՂ
ZUCCHINI	ԴԴՄԻԿ

VEGETABLES 1

28

A 2013 study estimated that up to 87% of people in the United States do no consume their daily recommended portion of vegetables. Here is a list of vegetables that you should probably be eating more of.

A	Խ	Ա	Ն	Ա	Պ	Ս	Ի	Ե	L	L	H	H	Ծ	Ծ	N
K	Չ	Թ	Ձ	Կ	Ֆ	E	Ճ	E	Ւ	C	G	S	Ն	Ա	Ջ
A	E	K	O	H	C	I	T	R	A	L	E	A	Ե	Ղ	Շ
L	S	T	E	E	B	T	U	N	M	O	L	E	Բ	Կ	Կ
E	U	C	Ժ	Ե	U	Ռ	I	I	T	Շ	Ի	P	Ե	Ա	Ա
G	G	O	A	C	Ն	P	Ո	A	T	Y	Ֆ	N	Կ	Կ	Ղ
B	A	A	E	U	S	Ի	T	L	R	T	Ո	E	Ո	Ա	Ա
Ց	R	R	B	Ք	L	O	Ղ	E	Ո	D	S	E	Շ	Ղ	Մ
Ֆ	A	Ճ	L	B	P	I	L	Պ	Ճ	Չ	Ր	R	Ի	Ա	Բ
Մ	P	U	Ո	I	A	E	F	Ա	Ե	Ա	Ա	G	S	Մ	Մ
Է	S	B	R	O	C	C	O	L	I	S	Կ	Ն	Ր	Բ	Ա
Յ	A	S	N	Ց	A	T	N	Ր	O	E	U	Ն	Ա	N	Ղ
J	Ա	I	Ց	R	Ձ	Բ	L	G	Ճ	W	F	Խ	Դ	Կ	Ա
Ռ	O	Ձ	R	N	Ժ	Ո	Է	U	Ք	O	E	Ժ	S	Ե	Կ
N	X	O	Ա	Ր	Բ	Ր	Ո	Կ	Ո	L	Ի	R	D	Ո	Ղ
Y	T	Բ	Ը	Ր	Ւ	Ո	Խ	Ե	Ն	Խ	I	H	Բ	Ո	Ր

ARTICHOKE	ԱՐՏԻՇՈԿ
ASPARAGUS	ԾՆԵԲԵԿ
BEETS	ՃԱԿՆԴԵՂ
BROCCOLI	ԲՐՈԿՈԼԻ
CABBAGE	ԿԱՂԱՄԲ
CARROT	ՍՏԵՊՂԻՆ
CAULIFLOWER	ԾԱՂԿԱԿԱՂԱՄԲ
CELERY	ՆԵԽՈՒՐ
GARLIC	ՍԽՏՈՐ
GREEN PEAS	ԿԱՆԱՉ ՈԼՈՌ
KALE	ԿԱՂԱՄԲ
LETTUCE	ՅԱՁԱՐ
ONION	ՍՈԽ
POTATOES	ԿԱՐՏՈՖԻԼ
SPINACH	ՍՊԱՆԱԽ

HOUSE

29

There's no place like home. Below is a list of words that are related to house and home.

Բ	Փ	Թ	Ւ	O	Y	A	W	E	V	I	R	D	N	K	Փ
Ն	Մ	Ա	Հ	Ճ	Ա	Կ	Ա	L	Մ	F	I	Ճ	Պ	I	F
Ա	Հ	Ր	Ա	Պ	Ա	Ն	Ա	Ճ	Ժ	N	E	Կ	Ձ	T	Ը
Կ	Ն	M	Ւ	Ռ	Կ	Վ	Թ	Յ	I	E	Ա	N	Ց	C	W
Ա	Ա	Չ	O	Ո	Ջ	Ն	S	N	Ն	Յ	S	O	C	H	Ք
Ր	Հ	Յ	Ւ	O	Ն	B	G	Ո	Ն	Ե	N	Շ	O	E	T
Ա	Ւ	Ղ	Ն	Ջ	R	R	A	Ե	S	Ր	U	U	I	N	F
Ն	Ո	M	Ա	Ե	O	G	U	S	Յ	Ն	S	Ա	E	Թ	O
S	S	Ր	O	O	U	Ա	N	G	E	E	Ա	M	Շ	S	O
Ա	Ա	W	M	O	Գ	Ա	Ձ	I	A	M	T	Կ	Գ	Ա	R
Ն	Պ	I	E	Ո	R	R	Ր	Կ	V	R	E	Ց	Ը	Պ	Ճ
Ի	I	N	L	Շ	N	D	S	Ւ	A	I	A	N	Ն	Ա	W
Ք	E	D	E	B	E	Ը	E	P	Ո	Ն	L	G	T	Կ	Ե
R	M	O	O	R	H	T	A	B	E	Յ	Ւ	Ժ	E	Ն	H
L	A	W	N	Թ	Հ	E	Ց	Ո	Ն	Ա	Հ	Ո	Խ	Ա	B
M	Կ	L	R	D	Ս	Ի	Զ	Ա	Մ	Ա	Ր	Գ	S	Ց	O

APARTMENT	ԲՆԱԿԱՐԱՆ
BASEMENT	ՆԿՈՒՂ
BATHROOM	ԼՈԳԱՍԵՆՅԱԿ
BED	ՄԱՀՃԱԿԱԼ
BEDROOM	ՆՆՋԱՐԱՆ
DINING ROOM	ՃԱՇԱՍԵՆՅԱԿ
DRIVEWAY	ՃԱՆԱՊԱՐՀ
FENCE	ՑԱՆԿԱՊԱՏ
GARAGE	ԱՎՏՈՏՆԱԿ
HOUSE	ՏՈՒՆ
KITCHEN	ԽՈՀԱՆՈՑ
LAWN	ՍԻԶԱՄԱՐԳ
LIVING ROOM	ՀՅՈՒՐԱՍԵՆՅԱԿ
ROOF	ՏԱՆԻՔ
WINDOW	ՊԱՏՈՒՀԱՆ

AROUND THE HOUSE 1

30

It is estimated that one tenth of all furniture purchased in Britain comes from IKEA. Perhaps you have assembled a few of these items yourself.

Ր	T	Մ	L	O	O	P	G	N	I	M	M	I	W	S	Ն
Ր	W	A	S	H	I	N	G	M	A	C	H	I	N	E	Ա
T	Ր	Փ	V	A	C	U	U	M	E	R	Հ	Է	O	Ր	Ր
E	A	Յ	Ր	P	R	T	T	O	I	L	E	T	E	P	Ա
C	Բ	Ո	Ւ	Խ	Ա	Ր	Ի	Ւ	Զ	Ղ	B	Y	M	Հ	Հ
U	Ֆ	Ը	Լ	Ո	Ղ	Ա	Վ	Ա	Զ	Ա	Ն	A	R	Գ	Ա
A	R	Զ	Ո	Ւ	Գ	Ա	Ր	Ա	Ն	K	L	Ր	T	D	Պ
F	E	Դ	Չ	Լ	Վ	Ա	Ց	Ք	Ի	Մ	Ե	Ք	Ե	Ն	Ա
S	I	T	Չ	Ք	Ո	B	Ր	S	O	Ն	Լ	T	Ս	Ա	Տ
R	L	R	H	Ո	U	Ւ	N	Ա	Ն	Մ	Ւ	E	Ե	Ր	Ս
I	E	B	E	T	Ր	I	Ս	Ա	Վ	N	Ո	P	Ղ	Ա	Ե
A	D	S	H	P	A	Ա	Ճ	Ա	T	Ք	Կ	R	Ա	Գ	Գ
T	N	T	S	T	L	Ի	Ն	Ռ	Մ	Ա	Ե	A	Ն	Ո	Զ
S	A	E	R	E	Տ	A	Յ	Ո	Ր	Փ	Շ	C	Ր	Լ	Շ
B	H	U	O	Ս	R	L	C	Ո	Ց	U	Ո	Գ	Հ	T	Պ
N	C	Ջ	Ա	Հ	Պ	D	Ծ	E	U	Փ	Փ	Փ	E	U	D

BATHTUB	ԼՈԳԱՐԱՆ
CARPET	ԳՈՐԳ
CHANDELIER	ՋԱՀ
CURTAIN	ՎԱՐԱԳՈՒՅՐ
DRESSER	ԶԳԵՍՏԱՊԱՀԱՐԱՆ
DRYER	ՉՈՐԱՆՈՑ
FAUCET	ԾՈՐԱԿ
FIREPLACE	ԲՈՒԽԱՐԻ
LAMP	ԼՈՒՍԱՄՓՈՓ
SWIMMING POOL	ԼՈՂԱՎԱԶԱՆ
STAIRS	ԱՍՏԻՃԱՆՆԵՐ
TABLE	ՍԵՂԱՆ
TOILET	ԶՈՒԳԱՐԱՆ
VACUUM	ՓՈՇԵԿՈՒԼ
WASHING MACHINE	ԼՎԱՑՔԻ ՄԵՔԵՆԱ

AROUND THE HOUSE 2

31

Here is a list of some more common household items and modern conveniences. Search the grid for the words listed below

Ղ	T	Ծ	Ջ	Բ	I	Ղ	S	Կ	Վ	L	Ձ	Ջ	Ն	E	Ւ
O	Ն	Ա	Ր	Ա	Ն	Ռ	Ա	Ս	Պ	Մ	Ե	Գ	Ֆ	Ն	N
Ս	Ա	Ց	Ո	Ր	Ո	Ր	O	O	Ի	Ռ	Ո	Թ	Ա	A	E
Ձ	Մ	M	Ւ	Ձ	O	Դ	W	Ջ	Ո	Կ	Y	S	F	Զ	V
Հ	Ց	R	Պ	Ն	Ա	Ր	Ա	Ց	Ա	Վ	L	G	Յ	Գ	O
W	Ա	Ց	O	Փ	C	Ն	W	Ն	B	Գ	N	Ւ	Վ	Ե	N
L	Վ	Յ	Ո	T	Ց	H	Ք	O	Մ	I	Ո	O	D	Ս	Ո
Զ	L	Խ	Ե	Ք	A	Ր	A	R	L	L	R	Y	I	S	Կ
Ը	Ի	Կ	Ի	L	Ե	R	E	I	Ե	L	A	C	S	Ա	Կ
Չ	Ր	Z	C	Ն	Ի	W	E	Ն	R	W	I	T	H	Պ	C
E	Ե	Ց	L	H	O	C	Խ	G	L	M	E	P	W	Ա	R
S	Ն	Ն	O	H	I	Ծ	Y	L	I	I	P	Ք	A	Հ	Պ
I	Ե	Ց	S	N	Ք	M	A	T	T	R	E	S	S	Ա	Ք
N	Ս	Ո	E	Ի	Վ	H	N	Ւ	A	R	F	Ա	H	Ր	I
K	Փ	Ւ	T	I	Ր	K	S	E	D	O	Հ	E	E	Ա	Ձ
Ն	Ա	Ղ	Ե	Ս	Ա	Ր	Գ	T	Y	R	Ց	B	R	Ն	Ղ

CHAIR	ԱԹՈՌ
CEILING FAN	ՕԴԱՓՈԽԻՉ
CHIMNEY	ԾԽՆԵԼՈՒՅԶ
CLOSET	ԶԳԵՍՏԱՊԱՀԱՐԱՆ
CRIB	ՕՐՈՐՈՑ
DESK	ԳՐԱՍԵՂԱՆ
DISHWASHER	ԱՓՍԵՆԵՐԻ ԼՎԱՑՄԱՆ մեքենա
HALLWAY	ՄԻՋԱՆՑՔ
MATTRESS	ՆԵՐՔՆԱԿ
MIRROR	ՀԱՅԵԼԻ
OVEN	ՋԵՌՈՑ
PILLOW	ԲԱՐՁ
REFRIGERATOR	ՍԱՌՆԱՐԱՆ
SHOWER	ՑՆՑՈՒՂ
SINK	ԼՎԱՑԱՐԱՆ

AT THE TABLE

32

Table setting etiquette dictates that the forks be placed on the left hand side of the plate and knives on the right. Here are some items that you might find on your table, probably in the wrong location.

Ղ	X	T	A	B	L	E	S	P	O	O	N	Y	O	Ֆ
Ե	Y	Ժ	T	W	Թ	Ե	Յ	Ի	Գ	Թ	Ա	L	Չ	A
Պ	Ձ	Կ	O	S	Յ	Ց	Ֆ	T	Մ	L	Ա	Թ	Գ	D
Ղ	Կ	B	Ղ	Կ	L	L	T	U	Ձ	Ե	S	Վ	K	U
Պ	Ա	S	Ա	Ռ	Ա	Ք	Ա	Ղ	Փ	O	U	N	Ա	T
Ճ	Ժ	Ն	Ա	Մ	Ա	Կ	Ղ	Ա	Ծ	Ռ	I	Փ	E	Գ
Ր	Ա	N	Ձ	N	N	S	Ա	R	Ղ	F	Ո	G	Ա	A
Դ	Բ	Շ	O	Ե	P	Վ	E	Ժ	E	Ր	W	Ց	N	Ա
Փ	Ւ	Ֆ	Ի	O	Ռ	P	R	U	Ա	H	Ր	Ա	A	E
Ր	Ո	U	O	Գ	P	Ո	Ջ	Ր	T	Բ	C	F	P	T
G	Ն	N	Հ	E	Թ	S	Ց	L	Շ	I	Ա	T	K	A
U	Ի	Ի	P	R	Ղ	Ա	A	Ի	Չ	Յ	Ռ	R	I	L
M	Գ	E	Մ	A	Ղ	S	L	E	Կ	W	O	L	N	P
H	T	O	L	C	E	L	B	A	T	F	G	E	I	Ը
A	Ի	W	I	N	E	G	L	A	S	S	A	L	G	H

BOWL	ԾԱՂԿԱՄԱՆ
FORK	ՊԱՏԱՌԱՔԱՂ
GLASS	ԲԱԺԱԿ
KNIFE	ԴԱՆԱԿ
MUG	ԳԱՎԱԹ
NAPKIN	ԱՆՁԵՌՈՑԻԿ
PEPPER	ՊՂՊԵՂ
PITCHER	ՍԱՓՈՐ
PLATE	ԱՓՍԵ
SALT	ԱՂ
SPOON	ԳԹԱԼ
TABLECLOTH	ՍՓՌՈՑ
TABLESPOON	ՃԱՇԻ ԳԹԱԼ
TEASPOON	ԹԵՅԻ ԳԹԱԼ
WINE GLASS	ԳԻՆՈՒ ԲԱԺԱԿ

TOOLS

33

Time to get out the tool box and do some repairs on our vocabulary. Try to hammer a few of these words and their translations into you brain.

S	E	R	U	S	A	E	M	E	P	A	T	L	O	B
C	I	Չ	Պ	T	H	Ձ	P	L	I	E	R	S	Ի	T
R	E	D	D	A	L	Ֆ	Ի	Ս	Ճ	Հ	N	Խ	T	E
E	B	H	M	Ս	Ն	L	Պ	Ղ	F	V	O	C	L	Ջ
W	Ղ	M	Ջ	Կ	Ա	S	Ւ	Ո	S	Պ	T	R	I	Խ
D	E	Խ	Պ	Ն	Հ	Ն	T	Ց	S	W	Ծ	E	A	L
R	Կ	R	Ա	Գ	Ա	Մ	Դ	Ա	V	Մ	A	H	N	L
I	Ա	Բ	C	Ց	Կ	Փ	Մ	Ո	Պ	Վ	C	S	U	I
V	Ղ	Մ	Ք	S	Ա	Ո	Ա	L	Ւ	N	Կ	A	T	R
E	O	Ա	O	A	S	Ճ	Խ	Չ	E	Ղ	L	W	D	D
R	Դ	S	Ր	Վ	Ւ	L	Ր	R	Ա	V	Ք	Ւ	I	N
Է	Ն	Ի	Ա	H	Ո	Վ	W	Ւ	Ր	Թ	E	Ձ	T	Ջ
R	Պ	Տ	Ո	Ւ	Տ	Ա	Կ	V	Ո	Չ	Ր	L	G	Ո
R	Ն	Ե	Վ	Ա	Պ	Ա	Ժ	Ն	Ա	Մ	Փ	Ա	Չ	R
Պ	Տ	Ո	Ւ	Տ	Ա	Կ	Ա	Մ	Ե	Ր	L	E	Հ	L

BOLT	ՊՏՈՒՏԱԿ
DRILL	ԱՎՏՈՄԱՏ պտուտակահան
HAMMER	ՄՈՒՐՃ
LADDER	ՍԱՆԴՈՒՂՔ
LEVEL	ՀԱՐԹԱՉԱՓ
NAIL	ԳԱՄ
NUT	ՊՏՈՒՏԱԿԱՄԵՐ
PENCIL	ՄԱՏԻՏ
PLIERS	ԱՔՑԱՆ
SAW	ՍՂՈՑ
SCREW	ՊՏՈՒՏԱԿ
SCREWDRIVER	ՊՏՈՒՏԱԿԱՀԱՆ
TAPE MEASURE	ՉԱՓՄԱՆ ԺԱՊԱՎԵՆ
WASHER	ՊՆԴՕՂԱԿ
WRENCH	ԲԱՆԱԼԻ

CLOTHES 1

34

Globally there are 1.2 billion pairs of jeans sold annually. That is a lot of denim! Take a look at this list of other common articles of clothing.

K	Պ	Ռ	Ն	Գ	Վ	Ե	Ր	Ա	Ր	Կ	Ո	Ւ	Ը	Ւ
I	N	R	S	Ն	L	Կ	Ո	Շ	Ի	Կ	Ն	Ե	Ր	E
E	E	Ի	E	O	Ջ	Խ	Պ	U	Վ	Ի	S	Ե	Ր	U
Ց	C	B	V	T	P	Ա	Ա	C	Թ	Զ	Պ	E	Ց	Ժ
S	K	C	O	S	A	S	Զ	Ր	S	Ա	Գ	Ր	Ջ	Ի
E	T	Ր	L	R	Ա	E	T	Գ	Կ	Ա	Ո	Ե	Հ	L
Ժ	I	Ց	G	Բ	H	M	W	Ղ	Ե	Ր	Բ	Ն	U	Ե
Ւ	E	Յ	Ա	Մ	B	T	Ո	S	Ե	U	Զ	Ա	Ի	S
G	Ց	S	S	E	N	Փ	A	Ն	Վ	E	S	Պ	S	O
Ձ	D	S	L	C	H	M	Ց	B	Զ	Յ	T	L	Ո	Յ
A	D	T	O	A	A	Ո	D	S	Կ	F	Է	Ւ	Գ	Ո
N	T	N	T	J	Ն	R	E	Ց	Ա	Մ	Գ	Ո	Ց	Ա
Ձ	F	A	A	Ռ	E	O	F	E	Պ	O	P	Գ	H	T
M	O	P	Ե	S	H	O	R	T	S	E	V	Ծ	P	Պ
C	Բ	Ձ	S	S	Ո	Ի	Դ	Ր	Ղ	S	Չ	J	Q	A

BATHROBE	ՑԱՄԳՈՑ
BELT	ԳՈՏԻ
COAT	ՎԵՐԱՐԿՈՒ
DRESS	ԶԳԵՍՏ
GLOVES	ՁԵՌՆՈՑՆԵՐ
HAT	ԳԼԽԱՐԿ
NECKTIE	ՓՈՂԿԱՊ
PAJAMAS	ՆՆՋԱԶԳԵՍՏ
PANTS	ՏԱԲԱՏ
SCARF	ՎԶԿԱՊ
SHOES	ԿՈՇԻԿՆԵՐ
SHORTS	ԿԻՍԱՏԱԲԱՏ
SOCKS	ԳՈՒԼՊԱՆԵՐ
SWEATER	ՍՎԻՏԵՐ
VEST	ԺԻԼԵՏ

CLOTHES 2

35

More than 2 billion t-shirts are sold each year! How many of these other items can be found in your closet?

Ց	Q	U	S	Վ	V	Մ	T	R	Մ	Ւ	Ո	Յ	S	U	Ո	Կ
Ո	Մ	Կ	Ի	U	Ա	Շ	Ր	Ջ	Ա	Զ	Գ	Ե	U	S	E	U
Ն	Ո	G	O	Ն	Ե	Հ	Ա	Գ	Ո	Ւ	U	S	Ե	L	Ք	Կ
Վ	Ւ	L	Յ	S	T	Գ	Ո	R	I	Ֆ	Փ	H	Գ	T	Ի	Գ
Ե	Յ	Ա	Ւ	R	A	M	Զ	Ղ	Զ	E	Պ	Ց	Զ	Պ	L	Ի
Թ	Կ	Է	I	E	Ծ	N	Ֆ	Ա	Ա	Պ	Ա	Կ	Ա	Խ	Ա	Կ
Մ	J	K	U	D	C	Դ	D	S	Ղ	Թ	T	Շ	Ն	Թ	Կ	W
Ա	S	C	Փ	N	O	A	W	A	Ի	Ո	Ա	Ց	Ք	Ի	Ծ	R
Կ	Ք	L	Բ	E	D	I	L	J	L	Ն	L	Փ	Ր	Թ	Ր	I
Ա	R	O	L	P	M	E	E	K	Ր	S	I	N	Ե	Ե	Կ	S
Չ	S	T	Է	S	T	A	R	Ե	C	Ր	Փ	U	Ն	Ր	A	T
Ն	U	H	U	U	N	Ձ	Վ	W	P	E	B	Յ	Ն	Ն	Է	W
Ա	I	I	I	S	T	O	O	B	E	B	N	O	Ց	Ի	Ֆ	A
Ր	T	N	Է	R	T	E	L	E	C	A	R	B	W	Կ	Ջ	T
Ա	T	G	Է	H	T	Ճ	Շ	Փ	Ն	Գ	R	A	E	T	O	C
Պ	Ց	Յ	Ւ	Ո	Ց	Ա	Մ	Ա	Ժ	Ի	Ք	Ռ	Ե	Ձ	I	H
Ա	F	Զ	Ն	Ի	Հ	R	Է	Բ	Վ	E	Ց	F	H	Ղ	Կ	E

WRIST WATCH	ՁԵՌՔԻ ԺԱՄԱՑՈՒՅՑ
BOOTS	ՄՈՒՅԿ
BOW TIE	ԹԻԹԵՐՆԻԿ
BRA	ԿՐԾԿԱԼ
BRACELET	ԱՊԱՐԱՆՉԱ ԿԱՄ ԹԵՎՆՈՑ
CLOTHING	ՀԱԳՈՒՍՏ
JEANS	ՋԻՆՍ
NECKLACE	ՄԱՆՅԱԿ
SANDALS	ՀՈՂԱԹԱՓԵՐ
SHIRT	ՎԵՐՆԱՇԱՊԻԿ
SKIRT	ԿԻՍԱՇՐՋԱԶԳԵՍՏ
SUIT	ԿՈՍՏՅՈՒՄ
SUSPENDERS	ԿԱԽԱԿԱՊ
SWIM SUIT	ԼՈՂԱԶԳԵՍՏ
UNDERWEAR	ՆԵՐՔՆԱԶԳԵՍՏ

GETTING READY

36

The majority of people take less than half an hour to get ready in the morning. Some can be ready in less than 5 minutes, whereas some take over an hour. Here is a list of things that might be a part of your morning routine.

S	R	D	C	O	M	B	Ա	Պ	Ա	Յ	Ո	S	Ի	Չ	H	Մ
Ւ	R	E	N	O	I	T	I	D	N	O	C	V	Ի	J	Ա	D
Կ	E	N	Y	K	N	Φ	O	S	O	A	P	Ր	D	Զ	Ր	Ճ
Ո	D	T	Յ	R	M	T	H	O	T	Ր	Ա	Ծ	Ե	L	Ի	E
Ն	E	A	Դ	I	D	A	A	O	T	Դ	L	Ր	Յ	M	M	Բ
S	O	L	Ձ	Ի	M	R	O	C	Ր	H	Ի	E	O	U	Ե	V
Ա	D	F	Յ	P	Մ	T	I	Ա	T	Կ	B	U	F	Ր	Ց	Ք
Կ	O	L	O	N	H	Ա	Յ	A	Ո	L	T	R	Ա	Ն	Շ	Ի
S	R	O	I	P	R	Ա	Յ	Ն	H	H	E	Ն	U	Ր	Ի	L
Ա	A	S	A	P	U	O	Դ	Ա	W	P	Ի	N	Թ	S	Ե	Ե
Ի	N	S	Ք	Ր	S	Ի	Z	A	Ր	L	U	Ն	S	Թ	H	Ն
Ն	T	T	Ա	W	Ց	T	S	A	Վ	Դ	Ե	E	Ի	E	L	Ա
E	Թ	Վ	Վ	Ի	D	H	I	Ա	R	Ր	Ա	Մ	K	Ղ	S	Ծ
U	Ծ	Q	Ո	Φ	Ե	Q	Ց	C	Կ	Ճ	Ա	Ր	R	A	Ն	O
Ա	E	Ն	Ւ	Ո	Պ	Մ	Ա	Շ	K	S	Ց	Դ	Մ	Ի	M	Ճ
Ն	Ե	Մ	Ա	S	Ա	Մ	Ի	Մ	Ա	Ծ	Ո	Ւ	Կ	Ա	E	Ա
Ր	L	Կ	Ա	Ն	Ա	Զ	Ո	Խ	Ի	Մ	Ա	S	Ա	O	Ն	Ռ

COMB
CONDITIONER
CONTACT LENSES
DENTAL FLOSS
DEODORANT
HAIR DRYER
LIPSTICK
MAKEUP
MOUTHWASH
PERFUME
RAZOR
SHAMPOO
SOAP
TOOTHBRUSH
TOOTHPASTE

ՍԱՆՐ
ՄԱԶԵՐԻ ԿՈՆԴԻՑԻՈՆԵՐ
ԿՈՆՏԱԿՏԱԻՆ լինզաներ
ԱՏԱՄԻ ԹԵԼ
ԱՊԱՅՈՏԻՉ
ՎԱՐՍԱՅԱՐԴԱՐԻՉ
ՇՐԹՆԵՐԿ
ԴԻՄԱՅԱՐԴԱՐՄԱՆ պարաքաներ
ԲԵՐԱՆԻ ԼՎԱՑՄԱՆ միջոց
ՕԾԱՆԵԼԻՔ
ԱԾԵԼԻ
ՇԱՄՊՈՒՆ
ՕՃԱՌ
ԱՏԱՄԻ ԽՈԶԱՆԱԿ
ԱՏԱՄԻ ՄԱԾՈՒԿ

PLACES 1

Places to go and people to see. Here are some places that you might visit around town.

Վ	Հ	Թ	Հ	T	N	E	M	T	R	A	P	E	D	Հ	Հ	Փ
Ե	Հ	Ա	Ա	A	Ֆ	O	Հ	Ի	Վ	Ա	Ն	Դ	Ա	Ն	Ո	Ց
Խ	Ր	P	Ն	Ն	S	Խ	I	Գ	Փ	Ա	Ր	Ո	Ս	Ս	Կ	S
T	Շ	Կ	Ր	Ր	Գ	Ս	Ր	T	Գ	M	Ն	Թ	S	E	F	C
R	Ե	Ռ	Ա	T	Ա	Ա	P	Ա	A	Ա	Ս	Ա	Պ	I	Չ	H
O	Ջ	Մ	Խ	Թ	Ս	Խ	Ր	E	Յ	T	Յ	E	R	E	S	O
P	Կ	Գ	Ա	Ե	Ո	Ա	Ա	Ա	R	Ի	S	E	S	R	T	O
R	Ա	Գ	Ն	Ր	Կ	Ւ	Կ	Ն	Ն	M	S	N	A	U	H	L
I	Յ	Յ	Ո	Ս	Զ	Ա	Ղ	Գ	Ո	T	A	B	I	O	M	I
A	Ա	Ջ	Ւ	M	Վ	Ա	Ր	Ա	A	Ւ	R	R	S	A	Ց	G
Կ	Ն	T	Թ	Ա	Ս	Ա	Դ	T	Յ	I	Թ	P	K	L	R	H
S	Կ	Է	Ն	Ո	Ս	I	I	Ա	D	Ի	I	Ծ	E	E	A	T
Ճ	Վ	Ա	H	Ե	E	O	D	G	Հ	T	Ն	C	Ր	P	T	H
I	Դ	W	Ն	S	N	Խ	E	A	A	L	I	Ծ	M	R	Y	O
O	Ս	Յ	Ց	Ո	Ր	Պ	Դ	L	T	F	Ի	Խ	R	K	T	U
Ն	Ա	Ր	Ա	Կ	S	Ր	Ո	Խ	F	S	I	Ճ	A	S	A	S
Կ	Ա	Մ	Ո	Ւ	Ր	Ջ	P	O	S	T	O	F	F	I	C	E

AIRPORT	ՕԴԱՆԱՎԱԿԱՅԱՆ
BAR	ԽՈՐՏԿԱՐԱՆ
BRIDGE	ԿԱՄՈՒՐՋ
DEPARTMENT store	ՀԱՆՐԱԽԱՆՈՒԹ
FARM	ԱԳԱՐԱԿ
FIRE STATION	ՀՐՇԵՋ ԿԱՅԱՆ
HOSPITAL	ՀԻՎԱՆԴԱՆՈՑ
LIGHTHOUSE	ՓԱՐՈՍ
MUSEUM	ԹԱՆԳԱՐԱՆ
OFFICE	ԳՐԱՍԵՆՅԱԿ
POST OFFICE	ՓՈՍՏԱՅԻՆ ԳՐԱՍԵՆՅԱԿ
SCHOOL	ԴՊՐՈՑ
STADIUM	ՄԱՐԶԱԴԱՀԼԻՃ
SUPERMARKET	ՀԱՆՐԱԽԱՆՈՒԹ
TRAIN STATION	ԵՐԿԱԹՈՒՂԱՅԻՆ կայարան

PLACES 2

38

The weekend is finally here. Where to you feel like going tonight? Here are some more places you can visit.

Հ	Ա	Ն	Ա	Յ	Թ	Ւ	Ո	Ն	Ա	Կ	Ի	S	U	Ո	Ւ	P
Ա	Մ	Ր	Ո	Ց	Կ	Ա	Մ	Բ	Ե	Ր	Դ	Ճ	Թ	Կ	H	O
Մ	B	U	Ե	Դ	Ո	J	E	Դ	Թ	Հ	H	Ճ	H	A	Ը	L
Ա	Ն	Գ	Ր	Պ	Ո	Ն	Ե	S	Յ	Ւ	Ա	O	R	Z	I	I
L	Ա	Ց	Հ	Ճ	O	Ղ	Ա	Ո	U	Շ	Ո	M	A	B	H	C
U	Վ	Պ	S	O	Ա	Q	Ւ	Մ	Ա	O	A	Ն	R	Ի	O	E
Ա	Ա	Ե	Ֆ	S	V	Ր	U	Ր	Ջ	C	H	A	Ա	F	T	S
Ր	Հ	Ղ	Ո	L	Ա	Ց	Ա	N	Y	Ե	R	A	F	Խ	E	T
Ա	Ա	Ւ	J	Ն	Ա	Ն	Ռ	Ն	I	Y	Ր	E	R	R	L	A
Ն	Ն	Ւ	Ո	S	Ա	Մ	Ա	Ր	Դ	V	E	Ե	A	E	C	T
Ա	Գ	Ց	T	N	A	R	U	A	T	S	E	R	Գ	A	P	I
Ր	Ի	L	E	K	Z	Փ	O	Ք	H	T	U	R	S	Դ	A	O
Ա	U	Ք	S	Յ	N	T	Ջ	O	Թ	O	Պ	T	S	I	R	N
Դ	S	U	Վ	Ջ	S	A	P	Պ	Z	R	L	Չ	Ը	I	K	Ը
Ա	Յ	Գ	Ի	H	A	R	B	O	R	E	T	A	E	H	T	S
Ր	D	Վ	Գ	S	Մ	Ո	Ե	Ը	C	E	M	E	T	E	R	Y
Գ	F	O	M	Է	S	Ղ	Ք	Փ	Ղ	Ն	Ո	Ր	S	Ա	Թ	H

BANK	ԴՐԱՄԱՏՈՒՆ
CASTLE	ԱՄՐՈՑ ԿԱՄ ԲԵՐԴ
CEMETERY	ԳԵՐԵԶՄԱՆՈՑ
COFFEE SHOP	ՍՐՃԱՐԱՆ
HARBOR	ՆԱՎԱՀԱՆԳԻՍՏ
HOTEL	ՀՅՈՒՐԱՆՈՑ
LIBRARY	ԳՐԱԴԱՐԱՆ
OPERA HOUSE	ՕՊԵՐԱ
PARK	ԱՅԳԻ
PHARMACY	ԴԵՂԱՏՈՒՆ
POLICE STATION	ՈՍՏԻԿԱՆՈՒԹՅԱՆ բաժին
RESTAURANT	ՃԱՇԱՐԱՆ
STORE	ԽԱՆՈՒԹ
THEATER	ԹԱՏՐՈՆ
UNIVERSITY	ՀԱՄԱԼՍԱՐԱՆ

ON THE ROAD

39

Road trip time! Hop in your car, turn up the music and hit the open road. Make sure you study this list of road worthy translations before heading out.

Բ	Թ	Ե	R	Ր	Պ	P	A	R	K	I	N	G	L	O	T	B
Ե	Ն	Հ	Ր	Ա	Պ	Ա	Ն	Ա	Ճ	R	O	A	D	H	Ժ	Մ
Ռ	Ա	Ա	O	Թ	Թ	T	K	Ի	N	N	U	Չ	G	E	Ի	E
Ն	Յ	Շ	Ր	Վ	Ե	Ճ	R	G	Զ	T	Մ	I	Ռ	Ա	I	Կ
Ա	Ա	T	Չ	Ա	Է	Վ	I	A	O	Ն	L	Բ	Կ	Յ	Ա	M
S	Կ	Ի	E	O	Յ	S	Ե	M	F	C	Ե	Ո	Ձ	Ն	Ա	O
Ա	Ա	Ա	E	E	P	Ա	O	Կ	I	F	Ղ	Բ	Գ	Ա	Վ	T
Ր	Ց	G	Յ	O	R	B	Կ	F	Ո	Մ	I	Ն	Բ	Վ	S	O
Ո	L	A	T	Ա	I	T	F	Ի	Ա	Ւ	Ե	C	P	S	Ո	R
Փ	Ա	S	C	L	Ն	A	S	Ն	U	L	Թ	O	Ջ	Ո	Մ	C
Ա	Զ	O	E	C	R	Ա	Ի	Y	Ո	Ւ	T	Յ	T	Բ	Ե	Y
U	Ա	L	Մ	T	I	Փ	S	Ւ	A	S	Ո	R	Ո	Ո	Ք	C
Ւ	Գ	I	Ղ	A	Ո	D	Ն	Ե	S	W	U	Բ	Q	Ւ	Ե	L
Ո	Թ	N	Հ	Ղ	T	Շ	E	U	Ղ	C	E	B	Ո	U	Ն	E
L	A	E	Ո	Պ	Ա	Ե	B	N	K	Ի	Վ	N	Մ	S	Ա	V
X	N	Ց	F	Ն	G	A	S	S	T	A	T	I	O	N	Վ	Ծ
S	Վ	Ե	Մ	Ո	S	Ո	Ց	Ի	Կ	L	Ե	S	D	Ը	Ի	Ա

AUTOMOBILE	ԱՎՏՈՄԵՔԵՆԱ
ACCIDENT	ՎԹԱՐ
BUS	ԱՎՏՈԲՈՒՍ
BUS STOP	ԱՎՏՈԲՈՒՍԻ ԿԱՅԱՐԱՆ
GAS STATION	ԳԱԶԱԼՑԱԿԱՅԱՆ
GASOLINE	ԲԵՆԶԻՆ
MOTORCYCLE	ՄՈՏՈՑԻԿԼԵՏ
ONE-WAY STREET	ՄԻԱԿՈՂՄԱՆԻ ՓՈՂՈՑ
PARKING LOT	ԿԱՅԱՆԱՏԵՂԻ
ROAD	ՃԱՆԱՊԱՐՀ
STOP SIGN	ԿԱՆԳՆԵԼՈՒ ՆՇԱՆ
TRAFFIC LIGHT	ԼՈՒՍԱՓՈՐ
TRAFFIC	ԵՐԹԵՎԵԿՈՒԹՅՈՒՆ
TRUCK	ԲԵՌՆԱՏԱՐ

GETTING AROUND

40

There are many interesting ways of getting from A to B. Which mode of transportation will you choose?

Հ	Ե	Ծ	Ա	Ն	Ի	Վ	Ա	Ն	Ա	Տ	Ս	Ա	Լ	Ո	Գ	Լ
Ո	Ս	Տ	Ի	Կ	Ա	Ն	Ա	Կ	Ա	Ն	Մ	Ե	Ք	Ե	Ն	Ա
Ւ	Y	Ւ	Ւ	I	Ա	T	A	N	K	Թ	Բ	O	Ն	I	Ա	Ղ
Ղ	R	Վ	Ո	Վ	Ժ	R	A	C	E	C	I	L	O	P	Ց	Շ
Ղ	R	E	Ա	Բ	Ա	S	U	B	L	O	O	H	C	S	Ք	S
Ա	E	Կ	T	Ն	Ո	R	U	E	I	Հ	Խ	U	L	S	Ի	Ա
Թ	F	U	F	P	T	S	N	B	Ր	C	Ա	Ֆ	Դ	Հ	Ն	Պ
Ի	Ն	J	A	E	O	A	Վ	Ա	M	Վ	Y	Կ	Կ	Ե	Ք	O
Ռ	G	E	R	Գ	L	C	U	Ա	Ա	A	Զ	C	Ք	Վ	Ն	Գ
Վ	Ե	I	C	P	Ե	Ա	I	Ր	Ի	Վ	R	Ե	L	Վ	Ա	Ն
E	F	Է	R	N	Յ	S	Ն	L	Ա	Ց	Մ	I	Չ	E	Թ	Ո
Չ	Y	I	E	L	A	Ա	Ն	Ն	E	Ի	Ո	Q	N	N	Ի	Ւ
D	A	B	V	O	Վ	L	Ա	Ո	Ջ	H	Ը	Ր	Հ	E	Ռ	Թ
S	W	B	O	O	N	Զ	U	Ե	Ւ	Վ	Ղ	I	Պ	L	Ծ	Յ
H	B	T	H	A	Ւ	A	Շ	B	O	Ղ	N	Ի	Ո	Դ	Ջ	Ո
Հ	U	Բ	Բ	Ո	T	Ր	C	Հ	M	Ն	Ի	S	S	J	Հ	Ւ
Ժ	S	Պ	U	O	Հ	O	Ա	T	R	A	I	N	T	Թ	Ց	Ն

AIRPLANE — ԻՆՔՆԱԹԻՌ
AMBULANCE — ՇՏԱՊ ՕԳՆՈՒԹՅՈՒՆ
BICYCLE — ՀԵԾԱՆԻՎ
BOAT — ՆԱՎ
CANOE — ՆԱՎԱԿ
FERRY — ԼԱՍՏԱՆԱՎ
FIRE TRUCK — ՀՐՇԵՋԻ ՄԵՔԵՆԱ
HELICOPTER — ՈՒՂՂԱԹԻՌ
HOVERCRAFT — ՍԱՎԱՐՆԱՎ
POLICE CAR — ՈՍՏԻԿԱՆԱԿԱՆ ՄԵՔԵՆԱ
SCHOOL BUS — ԴՊՐՈՑԻ ԱՎՏՈԲՈՒՍ
SUBMARINE — ՍՈՒԶԱՆԱՎ
SUBWAY — ԳԵՏՆՈՒՂԻ
TANK — ՀՐԱՍԱՅԼ
TRAIN — ԳՆԱՑՔ

LANGUAGES 1

41

Here are some popular languages from around the world. Maybe you already know one or two of them.

Ռ	E	O	Շ	Ծ	K	Գ	I	Շ	O	Ճ	Յ	O	Մ	E	K	Ջ
W	K	E	E	R	G	Ն	O	Ն	Ֆ	A	R	A	B	I	C	Մ
E	Ո	O	L	Ն	Ե	Ր	Ե	L	Ա	S	Ի	Ա	I	Ե	Ր	Ա
R	L	S	R	Ր	Ե	Ր	H	C	N	E	R	F	T	M	Զ	Ն
B	Չ	E	Ե	E	Ե	Ր	E	S	E	N	A	P	A	J	N	S
E	Գ	Յ	S	Ե	A	N	Ե	S	I	Վ	N	N	L	A	Ը	Ա
H	Ե	Ք	Ր	E	G	N	E	L	Ի	N	D	Ձ	I	Մ	Ճ	Ր
L	S	Ո	Գ	L	U	M	Յ	Ե	Ա	A	A	S	A	Ա	Ն	Ի
I	Կ	I	I	Ե	A	G	S	Ո	R	Գ	S	P	N	Ն	Ե	Ն
E	I	S	L	N	Ր	Ն	U	I	Ւ	U	Ւ	C	S	Գ	Ր	Ե
Ջ	H	W	T	O	Ա	Մ	N	T	R	Ն	Խ	Ո	Չ	L	Ե	Ր
L	Ո	E	Ա	Մ	P	I	Ա	A	R	V	Ա	T	S	Ե	U	Ե
Պ	I	S	Ե	Ռ	E	R	Ջ	Ն	M	O	Ռ	Ր	O	Ր	Ւ	Ն
V	Ա	Ր	Ա	Բ	Ե	Ր	Ե	Ն	Ե	R	P	Ժ	Ե	Ե	Ո	Ո
Ն	Ե	Ր	Ե	U	Ն	Ա	Ր	Ֆ	S	Ր	E	O	Վ	Ն	Ռ	Պ
Ն	Ղ	Գ	Ն	Ե	Ր	Ե	Յ	Ա	Ր	Բ	Ե	G	Պ	Ց	Ձ	Ա
S	S	J	Ց	Ի	U	Պ	Ա	Ն	Ե	Ր	Ե	Ն	Պ	Ծ	Ջ	Ճ

ARABIC	ԱՐԱԲԵՐԵՆ
ENGLISH	ԱՆԳԼԵՐԵՆ
FRENCH	ՖՐԱՆՍԵՐԵՆ
GERMAN	ԳԵՐՄԱՆԵՐԵՆ
GREEK	ՅՈՒՆԱՐԵՆ
ITALIAN	ԻՏԱԼԵՐԵՆ
JAPANESE	ՃԱՊՈՆԵՐԵՆ
KOREAN	ԿՈՐԵԵՐԵՆ
MANDARIN	ՄԱՆՏԱՐԻՆ
POLISH	ԼԵՀԵՐԵՆ
PORTUGUESE	ՊՈՐՏՈՒԳԱԼԵՐԵՆ
RUSSIAN	ՌՈՒՍԵՐԵՆ
SPANISH	ԻՍՊԱՆԵՐԵՆ
HEBREW	ԵԲՐԱՅԵՐԵՆ
VIETNAMESE	ՎԻԵՏՆԱՄԵՐԵՆ

PROFESSIONS

42

Statistics suggest that the average person may change careers 5-7 times in their lives. Thinking about a change? Why not try one of these great professions?

Ն	Ա	Բ	Ե	Գ	Ո	Հ	Խ	Ո	Հ	Ա	Ր	Ա	Ր	O	U	Ղ
E	S	Ծ	O	E	S	R	U	N	S	C	Կ	Զ	Ո	Դ	Ձ	Ա
L	E	S	Ճ	S	T	C	E	T	I	H	C	R	A	Ա	U	Դ
E	Բ	Չ	Ա	Հ	Ե	S	U	T	Ա	Ր	Ֆ	O	S	Չ	Ք	P
C	Ո	Ի	Ր	Ջ	Ր	Պ	I	S	H	Դ	Ճ	Ա	V	Ո	T	O
T	Ւ	Ց	S	A	Ռ	Շ	Ա	T	Ե	G	Մ	Փ	Բ	Ւ	S	L
R	Ժ	Ւ	Ա	Ճ	E	Ղ	Ե	Ր	N	Ն	I	Ո	Ա	Ե	A	I
I	Ք	Ո	Ր	L	Ձ	Ծ	Ա	Ջ	Ա	E	U	F	Գ	F	Ն	C
C	Ո	U	Ա	Ա	Ժ	U	E	Բ	W	S	D	Ա	E	Ա	A	E
I	Ւ	Ւ	Գ	T	Ա	Չ	Ո	N	Ի	E	Ր	H	Բ	R	Հ	O
A	Յ	Ո	Ե	Ն	E	Ւ	D	Կ	G	Դ	C	Ա	P	E	I	F
N	Ր	N	S	O	Յ	A	Ա	O	Կ	I	Վ	E	Ճ	Y	Z	F
Ծ	Կ	Շ	Ի	Ժ	Բ	Ն	C	Ե	C	Ա	N	T	Ա	W	Y	I
Դ	Շ	S	O	Ո	Ժ	Մ	L	H	Ր	T	P	E	S	A	M	C
E	Ծ	O	H	E	Ի	Է	Y	Ի	E	H	O	A	E	L	S	E
Զ	I	Ւ	A	A	C	T	O	R	Թ	R	Չ	R	N	R	Հ	R
P	S	Y	C	H	I	A	T	R	I	S	T	O	L	I	P	N

ACTOR	ԴԵՐԱՍԱՆ
ARCHITECT	ՃԱՐՏԱՐԱՊԵՏ
CARPENTER	ԱՏԱՂՁԱԳՈՐԾ
CHEF	ԽՈՀԱՐԱՐ
DENTIST	ԱՏԱՄՆԱԲՈՒՅԺ
DOCTOR	ԲԺԻՇԿ
ELECTRICIAN	ԷԼԵԿԴՐԱԳԵՏ
ENGINEER	ՃԱՐՏԱՐԱԳԵՏ
FIRE FIGHTER	ՀՐՇԵՋ
LAWYER	ԻՐԱՎԱԲԱՆ
NURSE	ԲՈՒԺՔՈՒՅՐ
PILOT	ՕԴԱՉՈՒ
POLICE OFFICER	ՈՍՏԻԿԱՆ
PSYCHIATRIST	ՀՈԳԵԲԱՆ
TEACHER	ՈՒՍՈՒՑԻՉ

PROFESSIONS 2

43

What did you want to be when you were growing up? Was it one of these professions?

A	R	T	I	S	T	S	Ց	Յ	Ր	Ո	Ս	Ե	Ֆ	Ո	Ր	Պ
Ֆ	T	Չ	Շ	Հ	Ա	Պ	Ա	Վ	Շ	Ա	Հ	Ն	N	E	Ի	L
W	Ծ	H	Ի	I	C	I	D	E	M	A	R	A	P	Ծ	Վ	Ր
Ղ	Ր	Խ	L	Ծ	Զ	S	Ք	Զ	S	E	I	Ջ	Ր	Ր	Ա	Խ
Ն	Ո	Ց	U	E	Ր	Ե	Ե	C	Մ	C	C	Ո	Ժ	Դ	U	Ծ
Ա	Գ	S	Թ	H	T	Ո	I	Գ	I	Ա	Գ	H	Ր	Փ	Ր	Ի
Կ	Ա	S	Ա	E	Ք	E	Գ	T	Ա	Ա	Ր	Ա	A	Ո	Ա	D
Ա	U	B	N	Խ	N	A	I	Ն	Ղ	S	Հ	Զ	Գ	N	Վ	A
Ն	Մ	R	A	T	Շ	L	C	Ւ	Ա	Ա	U	Ա	Ի	Կ	I	N
S	R	O	I	R	O	Ա	Ո	C	Կ	Կ	Ն	Ե	Ա	Կ	Ի	C
Ի	U	S	C	P	B	Մ	Ժ	Ղ	O	Ե	Ա	Ձ	Վ	Հ	E	E
Գ	T	S	I	E	Ր	E	Ա	Ւ	Գ	U	Ր	Ք	Ւ	Ր	Խ	R
Ժ	A	E	S	Ջ	Պ	Ծ	R	Ե	Ո	Ե	N	Ո	Ա	Ի	Ա	Չ
Ղ	I	F	U	Թ	L	D	Մ	A	Դ	Բ	Ր	T	Ռ	Ղ	K	Թ
Բ	L	O	M	Խ	Ն	S	Շ	Ի	Ժ	Ա	Ր	Ե	A	I	Ա	Ժ
Յ	O	R	E	H	C	T	U	B	Պ	Ե	T	H	T	N	Ձ	Ք
I	R	P	L	U	M	B	E	R	F	L	O	R	I	S	T	Չ

ACCOUNTANT	ՀԱՇՎԱՊԱՀ
ARTIST	ԱՐՎԵՍՏԱԳԵՏ
ATHLETE	ՄԱՐԶԻԿ
BARBER	ՎԱՐՍԱՎԻՐ
BUTCHER	ՄՍԱԳՈՐԾ
DANCER	ՊԱՐՈՒՀԻ
FLORIST	ԾԱՂԿԱՀԱՐԴԱՐ
MECHANIC	ՄԵԳԵՆԱԳՈՐԾ
MUSICIAN	ԵՐԱԺԻՇՏ
PARAMEDIC	ԲՈՒԺ ԱՇԽԱՏՈՂ
PLUMBER	ՋՐՄՈՒՂԱԳՈՐԾ
POLITICIAN	ՔԱՂԱՔԱԿԱՆ ԳՈՐԾԻՉ
PROFESSOR	ՊՐՈՖԵՍՈՐ
SCIENTIST	ԳԻՏՆԱԿԱՆ
TAILOR	ԴԵՐՁԱԿ

PROFESSIONS 3

44

There are thousands of unique and challenging careers out there to choose from. See if you can locate the following careers in the grid below.

Ժ	Պ	Թ	O	E	Ճ	P	Ծ	S	O	Ձ	Կ	Ն	Ո	Ր	U	N
Y	Յ	Գ	Դ	N	S	O	H	A	Բ	Ա	Ր	Մ	Ե	Ն	Կ	A
Դ	Ջ	Ւ	T	Ր	R	O	T	A	L	S	N	A	R	T	N	M
Ե	Ր	Թ	Ո	G	Ո	D	B	A	R	T	E	N	D	E	R	R
Ղ	E	Ո	S	Բ	Փ	Ր	Մ	U	Փ	M	A	E	N	A	E	E
Ա	Թ	P	Ր	O	Ա	W	Ա	C	S	I	A	T	D	I	M	H
Գ	Ե	Ա	U	Ա	Ռ	Ն	S	Վ	R	D	S	C	R	W	R	S
Ո	T	G	Ր	N	Վ	O	U	A	Ւ	I	R	R	I	L	A	I
Ր	A	A	G	Գ	L	Ի	N	Ա	L	Ո	A	I	Ձ	S	F	F
Ծ	X	R	Ծ	D	Մ	I	U	A	Ն	C	U	Զ	V	Ֆ	T	Չ
Ճ	I	D	I	Ր	R	Ա	N	Ւ	L	Ա	Ի	Ք	O	E	Ի	L
O	D	E	Ծ	E	Ո	R	Ն	I	Ո	Ն	Ճ	A	Ա	Ր	R	Ր
O	R	N	T	A	U	Գ	A	Ի	Վ	Բ	Ճ	Գ	Ե	S	X	Ա
Ժ	I	E	Չ	O	A	M	Ե	Ո	Չ	S	Ո	Կ	Ո	I	Փ	Գ
Փ	V	R	J	Թ	N	Ն	Ր	Գ	Փ	Ո	U	S	Ա	S	Ա	Ր
J	E	W	E	L	E	R	U	R	Յ	Ո	Դ	Չ	Վ	Կ	N	Ո
Մ	R	T	Թ	Ճ	Ն	Ա	Պ	Ա	Կ	Ա	Ր	Ա	Գ	Ա	D	Ղ

BARTENDER	ԲԱՐՄԵՆ
BUS DRIVER	ԱՎՏՈԲՈՒՍԻ ՎԱՐՈՐԴ
FARMER	ԱԳԱՐԱԿԱՊԱՆ
FISHERMAN	ՁԿՆՈՐՍ
GARDENER	ԱՅԳԵԳՈՐԾ
JEWELER	ՈՍԿԵՐԻՉ
JOURNALIST	ԼՐԱԳՐՈՂ
MAIL CARRIER	ՓՈՍՏԱՏԱՐ
PHARMACIST	ԴԵՂԱԳՈՐԾ
SOLDIER	ԶԻՆՎՈՐ
TAXI DRIVER	ՏԱՔՍՈՒ ՎԱՐՈՐԴ
TRANSLATOR	ԹԱՐԳՄԱՆԻՉ
VETERINARIAN	ԱՆԱՍՆԱԲՈՒՅԺ

SOLAR SYSTEM

45

In 2015, the New Horizons spacecraft successfully completed the first flyby of dwarf planet Pluto. There is still so much to see and explore in our own solar system. Here are some key words from our celestial backyard.

N	Թ	H	Ն	I	Ի	O	Ժ	Գ	A	H	Ձ	I	Վ	Ա	Ա
Կ	Յ	Ե	I	Ա	L	Ը	V	O	G	N	Ր	Ի	Կ	Ր	Ե
Ն	Չ	Ծ	Հ	Ե	Ր	Ե	Վ	Ա	Կ	L	R	Շ	Ո	Ե	L
I	Ե	Ը	Ր	Պ	Կ	Ա	Գ	Ե	Ր	Ա	U	Ւ	O	Վ	Փ
Պ	Ո	Պ	Ա	H	Խ	W	Ն	Բ	Ղ	Գ	U	M	U	Ա	M
E	Ն	Ո	S	Ւ	Ո	L	Պ	Ռ	L	Յ	A	A	Յ	Յ	E
Պ	A	Դ	Ի	Ո	Ր	Ե	S	U	Ա	R	C	L	Ծ	Ի	T
I	S	R	Պ	H	Ւ	O	M	Կ	S	Խ	Ա	Ո	Պ	Ն	S
A	T	Ք	T	E	Ջ	Ն	G	A	Գ	Ծ	C	Ւ	Ի	Հ	Y
Y	E	Ւ	Չ	H	N	S	T	Ռ	Ո	R	Գ	U	S	Ա	S
Յ	R	E	T	I	P	U	J	Ւ	A	Ւ	Ւ	Ն	T	Մ	R
Ի	O	U	Գ	T	R	N	T	T	Յ	Ո	Ր	Թ	Ֆ	Ա	A
Թ	I	T	C	N	H	A	E	P	L	S	Ա	Ա	N	Կ	L
G	D	Յ	U	R	H	R	M	N	E	U	V	Գ	Ն	Ա	O
Ժ	Ձ	B	Ւ	L	E	U	O	S	U	N	E	V	Ճ	Ր	S
Ն	M	O	O	N	P	M	C	Ղ	S	U	Ա	U	Ի	Գ	Ֆ

SOLAR SYSTEM	ԱՐԵՎԱՅԻՆ ՀԱՄԱԿԱՐԳ
MERCURY	ՓԱՅԼԱԾՈՒ
VENUS	ԱՐՈՒՍՅԱԿ
EARTH	ԵՐԿԻՐ
MOON	ԼՈՒՍԻՆ
MARS	ՀՐԱՏ
JUPITER	ԼՈՒՍՆԹԱԳ
SATURN	ԵՐԵՎԱԿ
URANUS	ՈՒՐԱՆ
NEPTUNE	ՆԵՊՏՈՒՆ
PLUTO	ՊԼՈՒՏՈՆ
SUN	ԱՐԵԳԱԿ
CRATER	ԽԱՌՆԱՐԱՆ
ASTEROID	ԱՍՏԵՐՈԻԴ
COMET	ԳԻՍԱՍՏՂ

MUSICAL INSTRUMENTS

46

Here are some musical instruments to get your foot tapping and your hands clapping.

Կ	Ւ	Ո	Զ	Պ	Ա	Կ	Ր	Ա	Պ	Ղ	Ն	Կ	Յ	Ա
Հ	Ա	Ր	Մ	Ո	Ն	Ի	Կ	Ա	Ը	Օ	Ի	Վ	Շ	Բ
Կ	Ա	Թ	Ւ	Ո	Ջ	Հ	Ս	A	Ն	Թ	B	Վ	Ց	Ւ
Տ	Շ	Ր	Ւ	Ո	Մ	Ա	Ն	Շ	Ա	Դ	Q	S	Ա	Ո
Ր	Ւ	E	Վ	Ո	Ք	S	Ա	Ռ	A	D	E	F	O	Տ
Ո	Կ	Լ	N	Ս	Ջ	Դ	Ծ	S	C	P	R	Ձ	T	L
Մ	A	Ա	Ո	O	Ա	Վ	U	E	I	E	T	U	A	W
Բ	Ր	Ֆ	Գ	Հ	H	D	Ա	P	N	R	B	C	M	A
Ո	Ո	T	Գ	Ն	Դ	P	G	Թ	O	A	C	Ց	B	S
Ն	Փ	Կ	G	I	Ա	A	O	M	M	O	F	Բ	O	G
Պ	Ե	C	Ն	P	B	Զ	B	X	R	C	L	Բ	U	T
O	Շ	E	Ա	R	R	O	Հ	D	A	T	U	I	R	Է
Ռ	A	L	Ե	O	N	A	I	P	H	S	T	Ա	I	E
I	L	L	T	E	Ք	O	H	W	Խ	A	E	S	N	Ճ
V	I	O	L	I	N	Թ	I	T	R	U	M	P	E	T

ACCORDION — ԴԱՇՆՕՆ
BAGPIPES — ՊԱՐԿԱՊԶՈՒԿ
CELLO — ԹԱՎՋՈՒԹԱԿ
DRUMS — ԴՀՈԼ
FLUTE — ՇՎԻ
GUITAR — ԿԻԹԱՌ
HARMONICA — ՀԱՐՄՈՆԻԿԱ
HARP — ՏԱՎԻՂ
PIANO — ԴԱՇՆԱՄՈՒՐ
SAXOPHONE — ՍԱՔՍՈՖՈՆ
TAMBOURINE — ԶԱՆԳԱԿ
TROMBONE — ՏՐՈՄԲՈՆ
TRUMPET — ՇԵՓՈՐ
TUBA — ՏՈՒԲԱ
VIOLIN — ՋՈՒԹԱԿ

EMOTIONS

47

This puzzle might make you happy, angry, or maybe even a little confused. See if you can complete this very emotional puzzle by finding all of the words in the grid.

Զ	Ծ	Ա	Վ	Զ	Ւ	Ո	Հ	Գ	Խ	Ծ	Տ	Ո	Ք	Ռ
Է	Ա	Ծ	Ա	Ց	Ա	Տ	Ս	Գ	Ն	Ա	Հ	Ն	Ա	Ռ
Տ	Կ	Ա	Ա	Մ	Ա	Չ	Կ	Ո	Տ	Ց	Ր	Գ	W	Շ
Խ	Ե	Ց	Ս	Ց	Ձ	D	Ռ	Ջ	D	Ե	Թ	Ւ	Փ	Ռ
Ո	Ի	Ա	Ի	H	Ա	D	E	Զ	Ղ	Խ	Ղ	Ո	Ո	L
Ւ	L	Ր	Ե	D	Խ	Ր	Գ	I	A	Ա	Թ	A	E	Ֆ
Ր	Ա	Ձ	S	L	Զ	Ա	Յ	N	R	Վ	Յ	X	T	Ծ
Հ	Կ	Ն	A	U	Ց	D	G	Ա	Ա	R	C	Ի	Ղ	Ա
Պ	Ն	Ա	A	Մ	R	R	E	Ծ	Զ	I	O	Ռ	Ն	Վ
Ա	Կ	Ձ	Ո	W	Y	P	B	R	T	L	N	W	Դ	Զ
Ր	Ա	Ւ	Ռ	P	Փ	O	R	E	A	D	F	E	K	Ւ
Տ	Ն	D	P	F	R	Շ	D	I	Ճ	C	U	N	R	Ո
Ք	Ա	A	N	E	R	V	O	U	S	D	S	O	Ւ	Հ
Y	H	S	D	N	O	I	T	O	M	E	E	Ղ	R	I
Ց	E	M	B	A	R	R	A	S	S	E	D	Խ	E	P

EMOTION	ԶԳԱՑՄՈՒՆՔ
HAPPY	ՈՒՐԱԽ
SAD	ՏԽՈՒՐ
EXCITED	ՀՈՒԶՎԱԾ
BORED	ՁԱՆՁՐԱՑԱԾ
SURPRISED	ԱՆԱԿՆԿԱԼԻ ԵԿԱԾ
SCARED	ՎԱԽԵՑԱԾ
ANGRY	ԶԱՅՐԱՑԱԾ
CONFUSED	ՇՓՈԹՎԱԾ
WORRIED	ԱՆՀԱՆԳՍՏԱՑԱԾ
NERVOUS	ՋՂԱՅԻՆ
PROUD	ՀՊԱՐՏ
EMBARRASSED	ՀՈՒԶՎԱԾ
SHY	ԱՄԱՉԿՈՏ

ILLNESSES

48

If you are feeling any symptoms of the following conditions it might be time to visit the doctor. When you are feeling better the words below are waiting to be found.

L	Մ	H	G	U	O	C	H	I	C	K	E	N	P	O	X	Ն
Ն	Ւ	Ո	Յ	Թ	Ւ	Ո	Ս	Ո	Հ	Ա	Ն	Ւ	Ո	Յ	Ր	Ա
Ւ	Ո	I	L	Շ	N	Մ	R	Ա	Ր	Ց	Դ	Կ	Ե	Ե	Փ	Ց
Ո	Կ	R	A	S	H	Ժ	Չ	H	Ծ	O	Վ	S	Խ	I	Ո	R
Յ	Ծ	Ա	Շ	Կ	T	Ֆ	Ց	K	E	Մ	I	Ջ	O	Ն	Ր	Ձ
Թ	Կ	R	Թ	U	Ի	R	Ք	N	Ր	Ն	I	Ֆ	Ռ	Ֆ	L	O
Ւ	G	A	Պ	Վ	S	Ղ	O	U	S	Ե	Բ	Ա	Ի	Դ	Ո	F
Ո	D	H	L	Ն	Ա	S	Ա	K	Ւ	A	Խ	Ի	Վ	Հ	Ւ	I
Մ	Պ	I	Y	L	E	Ծ	Ձ	Ծ	E	S	Ի	Գ	Ա	Գ	Ծ	N
Ր	D	I	A	B	E	T	E	S	Ր	Ժ	Ո	Ր	Ց	Կ	Ո	F
Ե	Ն	T	L	R	Ր	R	U	U	S	Ձ	Բ	Ե	Ա	Ա	Ւ	E
Ձ	F	E	V	E	R	A	G	Զ	Չ	Ո	S	L	Խ	Ր	Թ	C
M	E	L	E	Ը	N	H	Ղ	Y	Ւ	P	Ը	Ա	L	Ա	Յ	T
D	E	Ճ	U	Չ	Ը	Ր	E	Խ	M	Յ	M	Ը	Գ	Վ	Ո	I
L	T	Ր	Ձ	Ե	Ձ	H	E	A	D	A	C	H	E	Ը	Ւ	O
O	L	T	Ղ	Թ	E	L	R	Ա	Խ	N	G	S	O	P	Ն	N
C	T	Փ	Մ	E	R	C	Ր	O	Է	R	G	Զ	E	H	Ժ	T

ALLERGY	ԱԼԵՐԳԻԱ
CHICKENPOX	ՋՐԾԱՂԻԿ
COLD	ՄՐՍԱԾ
COUGH	ՀԱՉ
CRAMPS	ԿԾԿՈՒՄ
DIABETES	ԴԻԱԲԵՏ
DIARRHEA	ՓՈՐԼՈՒԾՈՒԹՅՈՒՆ
FEVER	ՋԵՐՄՈՒԹՅՈՒՆ
FLU	ՀԱՐԲՈՒԽ
HEADACHE	ԳԼԽԱՑԱՎ
INFECTION	ՎԱՐԱԿ
NAUSEA	ՍՐՏԽԱՌՆՈՑ
NOSEBLEED	քթի ԱՐՅՈՒՆԱՀՈՍՈՒԹՅՈՒՆ
RASH	ՑԱՆ
STROKE	ԿԱԹՎԱԾ

ILLNESSES 2

49

Study these maladies so you can develop a healthy bilingual vocabulary.

Ճ	Ի	K	C	A	T	T	A	T	R	A	E	H	Խ	Կ	Յ
Ը	S	P	M	U	M	Ո	N	Ի	Ռ	Ց	Ն	Ց	Ո	Ւ	Մ
Ր	Գ	E	Ե	Դ	Է	E	S	E	Ծ	H	Թ	E	Ջ	Ո	Վ
I	C	N	E	N	S	Պ	A	Ն	D	Դ	P	Ռ	Ո	S	Ն
Ա	E	I	Ի	I	I	Ե	Ի	S	Ա	I	Վ	Ց	Ւ	Պ	Ը
S	Ջ	A	U	E	E	A	H	L	L	Գ	C	A	Կ	Ա	Վ
T	F	R	A	C	T	U	R	E	Ե	E	Ա	C	Ծ	Կ	Ա
O	B	G	O	Ի	A	R	P	P	Ց	Պ	S	L	A	Ո	Ց
M	Շ	I	Ր	M	Ք	S	Ը	Կ	S	D	U	O	Ա	S	Ի
A	N	M	H	Ձ	Y	Ծ	Ա	Վ	Թ	Ա	Կ	Ի	S	Ր	U
C	Բ	T	P	Կ	Ժ	Ր	Ա	T	Ա	U	S	Մ	Ա	Վ	Ք
H	S	Ձ	N	Ա	Մ	Ր	O	Վ	B	Ց	T	E	V	Ա	Ո
A	G	Ա	Յ	Ր	Վ	Ա	Ծ	Ք	Ր	U	Ա	I	Պ	Ծ	Մ
C	Ջ	O	Ո	Ա	Ֆ	Թ	Ռ	Ֆ	C	S	R	Խ	Ձ	Ք	Ա
H	Ը	Ւ	Ր	Վ	Ք	Վ	Փ	Դ	Ձ	U	Կ	N	L	Չ	S
E	Կ	Յ	C	O	N	C	U	S	S	I	O	N	Փ	Գ	U

ACCIDENT	ՎԹԱՐ
ASTHMA	ԱՍՏՄԱ
BRUISE	ԿԱՊՏՈՒԿ
BURN	ԱՅՐՎԱԾՔ
CONCUSSION	ՑՆՑՈՒՄ
CUT	ԿՏՐՎԱԾՔ
EPILEPSY	ԷՊԻԼԵՊՍԻԱ
FRACTURE	ԿՈՏՐՎԱԾՔ
HEART ATTACK	ՍՐՏԻ ԿԱԹՎԱԾ
MEASLES	ԿԱՐՄՐՈՒԿ
MIGRAINE	ԳԼԽԱՑԱՎ
MUMPS	ԽՈԶՈՒԿ
SPRAIN	ՈՏՆԱԳԱԼԱՐ
STOMACH ACHE	ՍՏԱՄՈՔՍԻ ՑԱՎ
VIRUS	ՎԱՐԱԿ

QUESTIONS

50

Here are some basic questions and terms that you might hear frequently used in any language. Why? Because. Find these questionable terms and phrases below.

S	Ջ	D	A	E	Ց	A	L	R	W	Է	Ճ	E	Հ	Ձ
Ը	Ա	Ւ	U	Ե	U	Ե	Պ	Չ	Ն	Ի	Կ	Շ	Ն	Գ
Ժ	C	Հ	Ո	I	H	Ղ	L	U	Հ	Պ	A	Ի	Շ	T
Ն	Ծ	A	Ի	Ռ	Ի	O	Ի	H	Ի	O	L	Y	T	A
E	Ո	Շ	N	Ն	Ե	Ն	W	Ն	O	Ե	H	I	Ջ	Գ
Յ	Ր	Ր	Չ	Y	Ա	Հ	Չ	A	Ն	W	S	W	U	Կ
Գ	S	Պ	Ո	Ք	O	Ք	Ն	Գ	R	I	M	E	B	U
H	Ե	I	Ը	Վ	Ա	U	O	Ա	E	E	Ց	U	E	T
U	Ղ	Մ	Փ	Ն	Հ	U	H	M	Ք	N	Y	Ց	C	A
A	Ա	Ի	Բ	Ր	Ե	Ե	I	E	W	Չ	W	O	A	H
Ժ	Ն	Ն	D	Ղ	A	T	S	O	L	Ն	Ն	Ր	U	W
Ի	Ն	Չ	Ո	Ւ	T	E	H	Ե	Ո	P	Ջ	Ի	S	O
U	Չ	Ր	R	A	F	W	O	H	Վ	Վ	M	D	E	H
Ւ	Ա	U	H	O	W	M	A	N	Y	W	H	E	N	Պ
Կ	F	W	H	E	R	E	Ղ	T	G	R	U	Հ	T	Մ

BECAUSE	ՈՐՈՎՀԵՏԵՎ
HOW	ԻՆՉՊԵՍ
HOW ARE YOU	ԻՆՉՊԵՍ ԵՍ
HOW FAR	ԻՆՉՔԱՆ ՀԵՌՈՒ
HOW MANY	ՔԱՆԻ ՀԱՏ
HOW MUCH	ԻՆՉՔԱՆ
CAN YOU HELP ME	ԿԱՐՈՂ ԵՍ ՕԳՆԵԼ ԻՆՁ
WHAT	ԻՆՉ
WHAT TIME IS IT	ԺԱՄԸ ՔԱՆԻՍՆ Է
WHEN	ԵՐԲ
WHERE	ՈՐՏԵՂ
WHO	ՈՎ
WHY	ԻՆՉՈՒ

AT A RESTAURANT

51

Table for two? Welcome to our Learn with Word Search restaurant. On the menu are the following helpful and delicious restaurant related words. Enjoy!

Պ	Ն	Զ	Ւ	Գ	M	E	N	U	N	R	M	Բ	Է	S	Ռ
Ր	Ե	Ն	Կ	Ի	Ց	Ո	Ռ	Ե	Ձ	Ն	Ա	H	Ֆ	U	Շ
Ռ	Ո	N	Ք	Ն	Ա	Խ	Ո	Ւ	S	Ե	U	S	U	Ե	I
W	H	Ւ	Ք	Ի	Ր	Թ	Ն	Ը	V	Ֆ	L	B	Ճ	S	X
I	T	Ղ	S	Ն	S	Փ	Ն	Ա	Խ	Ա	Ճ	Ա	Շ	Ւ	Զ
N	H	Ո	Շ	Ե	B	Կ	D	Մ	Հ	Ա	Շ	Ի	Վ	Ո	O
E	E	Ց	M	Ր	L	U	Ե	E	Շ	T	R	Ւ	Ւ	Ն	Ր
L	B	Ւ	A	Ի	Հ	L	N	Ա	S	E	I	Գ	Ջ	Ա	R
I	I	Ո	I	Ց	H	G	Ց	A	S	S	Ա	N	Ճ	Կ	E
S	L	S	N	Ա	Ն	Ա	F	T	P	Ր	E	Վ	E	Ա	T
T	L	Ա	C	Ն	Ն	K	R	I	Ա	K	Ա	R	A	Ն	I
F	U	Մ	O	Կ	A	O	T	Ն	K	Յ	I	S	T	Մ	A
Գ	N	H	U	E	O	E	Ն	Ձ	Ե	N	Ռ	N	Ծ	Ի	W
Է	C	Է	R	M	O	Ե	I	Թ	Ռ	Ժ	I	C	S	Հ	I
E	H	B	S	Ք	Ր	Ե	Դ	Ն	Ա	Ղ	Ա	R	Փ	H	U
A	P	P	E	T	I	Z	E	R	E	N	N	I	D	Z	Ֆ

APPETIZER	ՆԱԽՈՒՏԵՍՏ
BREAKFAST	ՆԱԽԱՃԱՇ
DESSERT	ԱՂԱՆԴԵՐ
DINNER	ԸՆԹՐԻՔ
DRINK	ԽՄԵԼ
EAT	ՈՒՏԵԼ
LUNCH	ՃԱՇ
MAIN COURSE	ՀԻՄՆԱԿԱՆ ՈՒՏԵՍՏ
MENU	ՃԱՇԱՑԱՆԿ
NAPKINS	ԱՆՁԵՌՈՑԻԿՆԵՐ
RESTROOMS	ԶՈՒԳԱՐԱՆՆԵՐ
THE BILL	ՀԱՇԻՎ
TIP	ԹԵՅԱՎՃԱՐ
WAITER	ՄԱՏՈՒՑՈՂ
WINE LIST	ԳԻՆԻՆԵՐԻ ՑԱՆԿ

AT THE HOTEL

52

After that delicious meal it is time to head back to the hotel and relax. Here is a list of hotel words that might help give you a good night's sleep.

H	F	Մ	Ա	Հ	Ճ	Ա	Կ	Ա	L	Ղ	S	E	Հ	Ը	U	Ո
B	S	T	E	K	N	A	L	B	Է	E	E	L	Ե	Ն	Ե	Չ
E	R	O	O	M	S	E	R	V	I	C	E	E	Ռ	Դ	Ն	Ց
D	O	U	U	I	Դ	E	K	O	A	T	Գ	W	Ա	Ո	Յ	Ո
Ո	Կ	Ը	T	E	L	E	P	H	O	N	E	O	Խ	Ւ	Ա	Ն
Ռ	Ւ	T	E	S	Y	E	Q	H	R	M	Վ	T	Ո	Ն	Կ	Ա
G	Ո	Փ	L	Ռ	I	Ո	T	E	A	Ց	Y	Ց	U	Ա	Ի	Ր
Ւ	Ր	Ռ	E	U	Ճ	D	C	P	T	Ծ	Ա	G	Վ	Ր	U	Ւ
Ղ	Պ	Չ	V	O	G	E	T	E	A	S	Ժ	Ե	Զ	Ա	Պ	Ո
Y	Մ	D	I	Ք	P	G	N	O	U	P	Ր	Բ	Հ	Ն	Ա	Յ
Չ	Ա	R	S	T	Ծ	R	A	Ւ	N	Մ	E	Ա	S	Է	U	Հ
Ի	Ճ	E	I	N	E	D	Ո	G	Ա	O	Մ	R	Ք	G	Ա	Ռ
Բ	L	O	O	T	Շ	Ր	Կ	Կ	E	Ա	D	S	Ե	O	Ր	Ձ
Ր	N	Ա	N	D	Ե	B	Ն	Վ	Ց	U	Ե	Ն	Յ	Ա	Կ	N
U	Ջ	I	Ն	Հ	L	Ե	Ր	Ա	Գ	Ն	Ա	Խ	Չ	Ղ	Ո	Պ
Զ	Ո	Ւ	Գ	Ա	Ր	Ա	Ն	Ի	Թ	Ո	Ւ	Ղ	Թ	B	Ւ	E
L	Ծ	H	Ձ	Պ	Բ	Ց	Հ	Ա	Ր	U	Ա	Զ	Ր	Ա	Մ	Ձ

BED	ՄԱՀՃԱԿԱԼ
BLANKETS	ՎԵՐՄԱԿՆԵՐ
DO NOT DISTURB	ՉԽԱՆԳԱՐԵԼ
GYM	ՄԱՐԶԱՍՐԱՀ
HOTEL	ՀՅՈՒՐԱՆՈՑ
INTERNET	ՀԱՄԱՑԱՆՑ
KEY	ԲԱՆԱԼԻ
LUGGAGE	ՃԱՄՊՐՈՒԿ
RECEPTION	ԸՆԴՈՒՆԱՐԱՆ
ROOM	ՍԵՆՅԱԿ
ROOM SERVICE	ՍԵՆՅԱԿԻ ՍՊԱՍԱՐԿՈՒՄ
TELEPHONE	ՀԵՌԱԽՈՍ
TELEVISION	ՀԵՐՈՒՍՏԱՑՈՒՅՑ
TOILET PAPER	ԶՈՒԳԱՐԱՆԻ ԹՈՒՂԹ
TOWEL	ՍՐԲԻՉ

SUBJECTS

53

Were you a good student? Here are some subjects that you may have studied long ago, or may be learning right now. Study these challenging subject translations.

Ն	Ւ	Ո	Յ	Թ	Ւ	Ո	Ն	Ա	Բ	Ա	Ս	Ն	Ե	Կ	Ն	B
S	Ւ	Ռ	Ի	S	E	G	A	U	G	N	A	L	U	Ւ	Ւ	I
Ե	C	Ո	S	C	I	S	Y	H	P	Ջ	G	M	Ո	O	Ո	O
R	Ր	I	Յ	L	H	Գ	S	N	T	N	A	Յ	W	Ա	Յ	L
Y	S	Ա	E	Թ	O	E	L	E	I	A	Թ	U	Ճ	Բ	Թ	O
R	C	M	Ժ	N	Ւ	Ը	M	R	N	Ւ	M	Բ	Բ	Ի	Ւ	G
O	I	E	Ջ	Շ	C	Ո	E	I	Ո	I	Ժ	S	Ա	Զ	Ո	Y
T	M	D	Դ	U	S	E	S	S	S	Շ	S	Կ	Ը	Ն	Ր	H
S	O	I	Թ	R	N	Ո	Ի	Ի	Կ	T	Ի	U	Ւ	Ե	Գ	P
I	N	C	O	I	L	Գ	Ւ	Ո	Գ	S	R	Ո	B	U	Ա	A
H	O	I	G	Բ	Ա	Ե	Ւ	Ո	Ա	Ա	Յ	Y	E	Յ	Հ	R
Յ	C	N	O	U	T	Թ	Զ	Մ	Ւ	Թ	Ր	Գ	Դ	H	Ր	G
Շ	E	E	Ե	C	Յ	Է	Ե	Ո	Ւ	Թ	M	Ա	Զ	Ա	Ա	O
Պ	Ա	S	Մ	Ո	Ւ	Թ	Յ	Ո	Ւ	Ն	Յ	Ջ	S	Ի	Խ	E
E	Ն	A	Ւ	T	Ա	E	S	Ֆ	F	Ն	Ե	Ո	Մ	Ր	Շ	G
S	Ժ	Ն	Վ	Մ	Ֆ	Ի	Զ	Ի	Կ	Ա	Ե	Ի	Ւ	F	Ա	W
U	A	I	Ռ	Ֆ	Գ	C	I	S	U	M	Ք	Ր	Ն	Ն	Բ	Ճ

BIOLOGY	ԿԵՆՍԱԲԱՆՈՒԹՅՈՒՆ
BUSINESS	ԲԻԶՆԵՍ
CHEMISTRY	ՔԻՄԻԱ
ECONOMICS	ՏՆՏԵՍԱԳԻՏՈՒԹՅՈՒՆ
ENGINEERING	ՃԱՐՏԱՐԱԳԻՏՈՒԹՅՈՒՆ
GEOGRAPHY	ԱՇԽԱՐՀԱԳՐՈՒԹՅՈՒՆ
HISTORY	ՊԱՏՄՈՒԹՅՈՒՆ
LANGUAGES	ԼԵԶՈՒՆԵՐ
MATH	ՄԱԹԵՄԱՏԻԿԱ
MEDICINE	ԲԺՇԿՈՒԹՅՈՒՆ
MUSIC	ԵՐԱԺՇՏՈՒԹՅՈՒՆ
PHYSICS	ՖԻԶԻԿԱ
SCIENCE	ԳԻՏՈՒԹՅՈՒՆ

MATH

54

Math. Some people love it, and some people hate it. Add these words to your vocabulary and multiply your language skills.

U	Y	O	X	S	Ռ	Ե	Հ	Ա	Գ	Ւ	Ո	Զ	H	C	Ր	Կ
A	Ո	Կ	Ա	Ր	Ո	S	Ո	Կ	U	Ղ	C	U	I	D	M	Չ
R	Ե	Կ	Ռ	E	N	O	I	T	C	A	R	T	B	U	S	Ի
T	T	Ր	Ո	F	P	A	R	A	L	L	E	L	L	N	Թ	Վ
A	P	A	Կ	S	Բ	U	Բ	C	L	M	Վ	T	S	Վ	Ճ	Շ
Ը	E	E	Ա	Ր	L	Ա	U	Ա	H	Ա	I	F	Ա	W	Ց	Ա
Ղ	R	R	R	E	Ա	L	Զ	T	Ժ	P	Վ	Բ	Ր	Մ	Ց	Հ
G	C	A	R	P	A	Չ	I	Մ	L	Ա	Ա	Ա	Ա	Ւ	Ա	Ա
Խ	E	Խ	N	T	E	R	Ա	I	Ա	Ն	Ն	E	Ծ	Ո	Յ	Վ
B	N	O	O	O	A	N	C	Փ	Ո	Պ	Q	Ո	Ք	Ր	Ա	Ա
E	T	R	M	T	I	A	D	Ւ	Ո	U	Ա	Ա	Ւ	Ա	Հ	U
M	A	I	Ա	E	T	S	Թ	I	A	Ւ	Ն	S	I	Մ	Ա	Ա
U	G	Ւ	Մ	I	T	Յ	I	T	C	Ո	Թ	Ջ	Կ	Ւ	Ղ	Ր
L	E	L	O	L	Ո	R	I	V	Ն	U	Ց	Յ	Ժ	Ո	Ղ	Ո
O	Է	N	Զ	Ւ	Ծ	O	Y	O	I	O	L	Է	Ո	Գ	Ւ	Ւ
V	Ք	Շ	Ն	Ւ	N	O	I	T	I	D	D	A	S	Ւ	Ո	Մ
Մ	Ւ	Ո	Ն	Ա	Հ	Պ	N	O	I	T	C	A	R	F	Ն	N

ADDITION — **ԳՈՒՄԱՐՈՒՄ**
AREA — **ՏԱՐԱԾՔ**
ARITHMETIC — **ԹՎԱԲԱՆՈՒԹՅՈՒՆ**
CALCULATOR — **ՀԱՇՎԻՉ**
DIVISION — **ԲԱԺԱՆՈՒՄ**
EQUATION — **ՀԱՎԱՍԱՐՈՒՄ**
FRACTION — **ԿՈՏՈՐԱԿ**
GEOMETRY — **ԵՐԿՐԱՉԱՓՈՒԹՅՈՒՆ**
MULTIPLICATION — **ԲԱԶՄԱՊԱՏԿՈՒՄ**
PARALLEL — **ԶՈՒԳԱՀԵՌ**
PERCENTAGE — **ՏՈԿՈՍ**
PERPENDICULAR — **ՈՒՂՂԱՀԱՅԱՑ**
RULER — **ՔԱՆՈՆ**
SUBTRACTION — **ՀԱՆՈՒՄ**
VOLUME — **ԾԱՎԱԼ**

AT THE AIRPORT

55

It is estimated that globally there are over 100,000 flights per day. Here are some common airport related terms for you to learn while they try to find your lost baggage.

I	I	Ճ	S	S	Գ	Մ	T	Ք	E	Ւ	Ղ	S	Ղ	Ո	Ժ	A
Ա	I	R	D	T	Յ	E	Ա	S	I	C	Ո	Ն	Խ	Ա	S	I
L	Հ	A	Ո	T	K	F	L	Ք	I	Մ	Ա	Ե	Մ	Բ	E	R
S	A	I	R	C	R	A	F	T	U	Յ	Ա	Ա	Ե	Ը	C	P
S	Ր	N	I	O	V	O	S	O	Թ	Ա	Ն	Խ	Կ	Ծ	U	O
Պ	E	T	O	I	Դ	E	P	Ւ	E	Ո	S	Ն	Ն	Ա	R	R
Զ	N	R	R	I	M	Ա	Ո	S	Ւ	K	R	Ո	Ո	Ն	I	T
Ն	Ց	R	U	O	T	Գ	Ն	Մ	S	U	A	Դ	Ւ	Զ	T	E
Ի	A	Ր	D	T	Ն	A	Ն	Ա	N	A	Չ	T	Մ	Ն	Y	R
Յ	Ղ	E	Ժ	Ա	R	Ե	N	W	Վ	N	P	Յ	Ն	Ա	S	M
Ա	Ն	Ւ	S	Է	Ր	A	A	R	Չ	Ա	Ր	N	Ե	Գ	Ե	I
Գ	R	Վ	Ո	O	Թ	Y	P	Ֆ	E	T	Կ	Չ	Ր	Ի	Ղ	N
Ջ	Ն	I	U	Ք	G	A	T	E	T	T	M	Ա	H	Ր	Ա	A
Ա	Է	Թ	Ռ	Ի	Չ	Ք	O	Ժ	D	O	N	Ք	Յ	Ձ	Կ	L
Ձ	Վ	Դ	L	Ա	Ն	Ի	Մ	Ր	Ե	S	L	I	Ռ	Ա	Ա	E
Ի	Ն	Ք	Ն	Ա	Թ	Ի	Ռ	Ե	Բ	Ե	Ղ	Ղ	Ւ	Ո	Ն	T
Մ	B	A	G	G	A	G	E	Թ	S	M	O	T	S	U	C	Մ

AIRCRAFT — ԻՆՔՆԱԹԻՌ
AIRPORT — ՕԴԱՆԱՎԱԿԱՅԱՆ
ARRIVALS — ԺԱՄԱՆՈՒՄՆԵՐ
BAGGAGE — ՈՒՂԵԲԵՌ
CUSTOMS — ՄԱՔՍԱՏՈՒՆ
DEPARTURES — ՄԵԿՆՈՒՄՆԵՐ
DOMESTIC — ՏԵՂԱԿԱՆ
GATE — ԵԼՔ
INTERNATIONAL — ՄԻՋԱԶԳԱՅԻՆ
PASSPORT — ԱՆՁՆԱԳԻՐ
RUNWAY — ԹՌԻՉՔՈՒՂԻ
SECURITY — ԱՆՎՏԱՆԳՈՒԹՅԱՆ աշխատակից
TAKEOFF — ԹՌԻՉՔ
TERMINAL — ՏԵՐՄԻՆԱԼ
TICKET — ՏՈՄՍ

ON THE FARM

56

Farming has existed since 10,000 BC. If you work on a farm, or just like eating food, here are a some farm words for you harvest.

F	A	R	M	E	R	Ճ	Ն	T	Ռ	Ը	Վ	V	T	Դ
P	E	E	H	S	Ր	Չ	Ա	S	Ի	S	W	L	Զ	Ե
I	O	T	Ռ	N	Ե	Y	Պ	Ծ	Ր	Ւ	Հ	K	T	E
G	C	S	H	Փ	U	N	Ա	Ա	Յ	Ր	Հ	A	Ռ	Ն
R	Դ	O	A	C	Յ	L	Կ	Ա	Ն	Ա	Վ	Ա	O	Y
Q	Ք	O	W	Զ	Ւ	S	Ա	Ւ	Վ	Խ	Գ	Կ	E	E
I	Ղ	R	Կ	Ո	Ո	Բ	Ր	L	X	Չ	Ռ	K	Վ	K
L	Ց	O	Ց	Ր	Բ	Խ	Ա	Ո	L	Ո	R	Շ	Փ	N
B	N	T	Փ	Յ	Ա	S	Գ	Դ	L	U	O	T	Շ	O
W	M	C	Վ	Ո	Կ	Ձ	Ա	O	T	Ք	B	Ը	A	D
N	Ջ	A	S	Ջ	Ա	E	Հ	Ն	Դ	Կ	Ա	Հ	Ա	Վ
A	A	R	L	Ջ	Շ	S	Ռ	Մ	D	Պ	M	Ձ	L	Թ
O	Ճ	T	Ն	O	Մ	R	Կ	Ք	U	Ո	D	Ի	U	Ո
Մ	S	W	O	T	A	O	G	R	C	Թ	Ձ	L	Ջ	O
I	S	P	O	R	C	H	I	C	K	E	N	S	D	X

BULL	ՑՈՒԼ
CHICKEN	ՀԱՎ
COW	ԿՈՎ
CROPS	ՄՇԱԿԱԲՈՒՅՍԵՐ
DONKEY	ԱՎԱՆԱԿ
DUCK	ԲԱԴ
FARMER	ԱԳԱՐԱԿԱՊԱՆ
GOAT	ԱՅԾ
HORSE	ՁԻ
LAMB	ԳԱՌ
PIG	ԽՈԶ
ROOSTER	ԱՔԼՈՐ
SHEEP	ՈՉԽԱՐ
TRACTOR	ՏՐԱԿՏՈՐ
TURKEY	ՀՆԴԿԱՀԱՎ

SIGHTSEEING

57

Time to get out there and experience all there is to see. How do you prefer to explore a new city? Try exploring these highly rated sightseeing words.

Թ	L	Ն	Դ	Ճ	E	M	S	Ե	U	Ա	Խ	Ց	Ի	Կ	O	J
Ա	Q	M	Ւ	Ի	A	K	O	O	B	E	D	I	U	G	Ծ	Ր
Ն	Ղ	Ո	U	Ո	Գ	T	A	N	S	L	N	H	Ք	Ո	Ե	Ե
Գ	Ր	D	Ւ	S	Յ	R	T	N	U	F	Բ	N	M	Ր	S	Ն
Ա	Դ	I	Ժ	Ղ	E	Թ	I	R	O	M	O	Ի	Յ	S	R	Կ
Ր	Ձ	R	Պ	M	Ղ	U	Ւ	R	A	Մ	E	Ա	Յ	Ր	I	Ա
Ա	Y	E	A	Ա	R	Ո	M	Ո	C	C	Վ	N	Ե	Z	N	Ր
Ն	R	C	D	K	S	A	Ւ	A	Վ	Ն	T	Ն	T	Դ	E	Ե
Կ	E	T	I	I	T	Կ	M	Թ	Ա	S	Ր	I	Հ	S	V	Վ
Ի	L	I	O	I	U	C	Ե	Ժ	Յ	Ե	Ա	Ո	O	I	U	Ա
Ց	L	O	O	U	O	G	Ր	Ր	Վ	Ո	Ւ	Կ	Ւ	N	O	O
Խ	A	N	T	R	R	Ա	R	Ն	Ա	Շ	Ւ	Ե	Ե	E	S	Ք
Ո	G	S	D	Ճ	U	I	Ա	U	Ա	U	Զ	Ն	Ա	Ղ	O	Ա
S	T	E	K	Ե	Ձ	Շ	S	Ր	O	H	Ր	Յ	Ն	M	Ե	Ր
Ո	R	R	S	J	Ւ	T	Ձ	T	R	T	Գ	Ա	Փ	Ե	Ր	S
Ֆ	A	Զ	Բ	Ո	U	Ա	Շ	Ր	Ջ	Ի	Կ	Վ	Հ	Ք	Ր	Ե
P	A	M	Հ	E	Ն	B	Ց	Յ	Ւ	Ո	Ց	Ե	Ղ	Ւ	Ո	Զ

ART GALLERY	ՊԱՏԿԵՐԱՍՐԱՀ
ATTRACTIONS	ՏԵՍԱՐԺԱՆ ՎԱՅՐԵՐ
CAMCORDER	ՏԵՍԱԽՑԻԿ
CAMERA	ՖՈՏՈԽՑԻԿ
DIRECTIONS	ՈՒՂՂՈՒԹՅՈՒՆՆԵՐ
GUIDE BOOK	ՈՒՂԵՑՈՒՅՑ
INFORMATION	ՏԵՂԵԿԱՏՎՈՒԹՅՈՒՆ
MAP	ՔԱՐՏԵԶ
MONUMENTS	ՀՈՒՇԱՐՁԱՆ
MUSEUM	ԹԱՆԳԱՐԱՆ
PARK	ԱՅԳԻ
RUINS	ԱՎԵՐԱԿՆԵՐ
SOUVENIRS	ՀՈՒՇԱՆՎԵՐՆԵՐ
TOUR GUIDE	ԳԻԴ
TOURIST	ԶԲՈՍԱՇՐՋԻԿ

AT THE BEACH

58

Time to hit the beach for some sun, sand and surf. Below you will find a list of warm beach related words.

Մ	Ա	E	L	Դ	T	O	Է	Է	Բ	K	Ի	Շ	Q	R	Ք	Դ
T	Ր	Ծ	O	S	V	Ի	Ը	S	Ք	Դ	H	Հ	T	Խ	Չ	Ց
G	Ե	E	O	O	Պ	Ի	Թ	Ռ	N	O	Փ	Ո	B	S	Չ	E
Ճ	Վ	Խ	Ն	Յ	S	E	S	S	A	L	G	N	U	S	H	N
Ո	Ա	S	H	O	V	E	L	U	U	B	E	A	C	H	W	Ը
Կ	Պ	M	Ը	L	T	Ք	Թ	T	R	N	Ք	T	K	Ք	Ծ	Ո
Վ	Ա	Յ	Վ	Յ	I	Գ	Հ	L	S	F	S	Յ	E	S	L	N
Ղ	Շ	Յ	Շ	Ւ	Ծ	Ց	Գ	Ա	Ո	A	I	C	T	Գ	U	O
I	S	Ի	Ղ	Ո	D	Ն	O	Ղ	Խ	Ջ	C	N	R	S	O	C
Վ	Պ	Հ	Վ	Դ	Ի	Գ	Վ	Ո	Ա	Գ	Ղ	D	G	E	E	E
H	Ա	Մ	Ե	Ֆ	Ե	Ա	Կ	L	L	Ջ	S	Փ	N	N	E	A
Բ	Ն	Վ	Ր	Պ	H	Զ	Ի	Խ	E	A	Ձ	D	N	A	S	N
S	Ք	Ե	Ա	O	Վ	Ք	Ա	G	N	I	M	M	I	W	S	O
C	U	Ե	Ր	Զ	Ն	Ր	Ն	Վ	O	A	Ֆ	Ն	U	Ջ	E	S
L	Ո	N	Y	Ե	Կ	L	Ո	Ղ	Ա	Փ	P	Ո	E	Զ	V	E
O	Ւ	Պ	Ր	X	G	Խ	U	Հ	Ի	S	Չ	Կ	X	T	A	H
Ժ	Կ	Ց	Ո	Ն	Կ	Ա	Ն	Ի	Յ	Ա	Վ	Ե	Ր	Ա	W	Գ

BEACH	ԼՈՂԱՓ
BUCKET	ԴՈՒՅԼ
HAT	ԳԼԽԱՐԿ
OCEAN	ՕՎԿԻԱՆՈՍ
SAND	ԱՎԱԶ
SANDCASTLE	ԱՎԱԶԵ ԴՂՅԱԿ
SEA	ԾՈՎ
SHOVEL	ԲԱՀ
SUN	ԱՐԵՎ
SUNGLASSES	ԱՐԵՎԱՅԻՆ ԱԿՆՈՑ
SUNSCREEN	ԱՐԵՎԱՊԱՇՏՊԱՆ ՔՍՈՒԿ
SURFING	ՍԵՐՖԻՆԳ
SWIMMING	ԼՈՂԱԼ
WAVES	ԱԼԻՔՆԵՐ

OPPOSITES 1

59

Is the museum near or far? Is it expensive to get in or not? Start studying these opposite terms, and you may find out.

Ժ	O	S	D	H	O	B	T	Y	Ե	S	G	Դ	Ժ	N
Ք	U	Ղ	L	Ց	H	I	S	R	E	L	H	O	W	S
L	Պ	Մ	Ղ	Ա	W	G	Ֆ	D	L	L	D	O	O	D
A	Հ	Մ	Ե	Ծ	Վ	E	I	A	Ռ	A	L	S	R	D
H	O	Յ	Ն	Ր	Ճ	W	T	H	B	M	V	A	R	T
Ն	Ֆ	Ժ	O	Թ	Ձ	B	T	F	O	S	H	L	A	Ղ
L	T	Բ	Ա	Ր	Ձ	Ր	Ա	Հ	Ա	Ս	Ա	Կ	N	Ե
Ի	O	Կ	Ա	Ս	Ա	Հ	Ա	Ճ	Ր	Ա	Կ	F	F	I
R	G	Ա	Կ	N	Թ	H	Ն	Բ	Վ	Հ	Ւ	V	Վ	A
Ֆ	Կ	D	U	U	Դ	Ն	Ի	Պ	N	Հ	E	Շ	Վ	V
Շ	Խ	Դ	Ց	Վ	Յ	Փ	Զ	A	O	T	Չ	U	O	E
Ց	Ձ	Ջ	Փ	Ա	Փ	Ո	Ւ	Կ	Փ	R	Մ	W	L	Ժ
Ւ	U	I	L	S	Թ	Ք	Ձ	Ռ	Ճ	H	Ր	Կ	Ջ	Ջ
U	E	Զ	Ր	Վ	Զ	Ր	Ո	Չ	E	Ժ	Ի	Ն	R	Զ
L	Ե	Խ	Ժ	T	Ն	Ջ	W	Ց	Ղ	E	Ջ	I	Դ	Ի

BIG — ՄԵԾ
SMALL — ՓՈՔՐ
WIDE — ԼԱՅՆ
NARROW — ՆԵՂ
TALL — ԲԱՐՁՐԱՀԱՍԱԿ
SHORT — ԿԱՐՃԱՀԱՍԱԿ
HIGH — ԲԱՐՁՐ
LOW — ՑԱԾՐ
GOOD — ԼԱՎ
BAD — ՎԱՏ
WET — ԹԱՑ
DRY — ՉՈՐ
HARD — ՊԻՆԴ
SOFT — ՓԱՓՈՒԿ

OPPOSITES 2

60

Would you be opposed or in favor of some more opposite words? For better or worse, here are some more words to study and find.

Ծ	Չ	Ճ	Ը	Ց	Ը	Յ	Ֆ	Փ	O	A	Ժ	D	O	Է
Գ	Ղ	Ռ	Պ	M	O	S	Վ	Ն	Կ	Ւ	Գ	Յ	C	Ռ
Կ	Ա	Փ	Ժ	S	Q	J	L	Ք	Թ	S	Շ	Ի	Ճ	O
U	Դ	Ր	Ւ	Ո	L	E	Ը	A	Ո	L	Ձ	Ք	Թ	Ց
Թ	Ն	Ն	Ա	Ժ	Է	Դ	Ա	S	Ո	Կ	Մ	Ղ	Ա	Դ
L	Ա	Խ	U	N	Գ	H	Ղ	Յ	D	Ր	Թ	Բ	E	S
Յ	Դ	Ն	Ւ	L	Ա	Ե	Ե	Թ	O	R	P	Ի	V	R
N	T	I	Կ	Շ	Կ	N	T	D	Ց	P	A	Ռ	I	Մ
C	L	E	A	N	O	Ց	Ջ	Ք	L	T	E	G	S	Ա
L	W	Ֆ	I	Y	A	Պ	H	Թ	I	O	H	N	N	Ք
O	Ի	Ծ	T	U	Յ	Ռ	Ժ	O	Ց	T	C	O	E	Ո
S	N	R	O	C	Q	U	Ք	Մ	T	H	I	R	P	Ւ
E	I	Ո	Ե	Ը	Շ	S	W	O	L	S	Ֆ	W	X	Ր
D	F	Խ	Ը	A	O	E	N	N	Y	Կ	A	K	E	F
E	N	S	L	Ֆ	Ռ	Թ	Ո	A	H	L	H	F	U	W

FAST	ԱՐԱԳ
SLOW	ԴԱՆԴԱՂ
RIGHT	ՃԻՇՏ
WRONG	ՍԽԱԼ
CLEAN	ՄԱՔՈՒՐ
DIRTY	ԿԵՂՏՈՏ
QUIET	ԼՈՒՐ
NOISY	ԱՂՄԿՈՏ
EXPENSIVE	ԹԱՆԿ
CHEAP	ԷԺԱՆ
HOT	ՏԱՔ
COLD	ՍԱՌԸ
OPEN	ԲԱՑ
CLOSED	ՓԱԿ

OPPOSITES 3

61

They say that opposites attract. See if you are attracted to the list of opposite words below. Find them in the grid, or don't.

Ո	O	O	Ժ	S	R	L	Կ	Դ	E	Ե	Ւ	Դ	Թ	Ռ
P	S	S	Ո	A	W	Ղ	Ե	Ժ	Ւ	Ո	Ա	Ո	Y	V
Վ	L	Փ	T	Զ	K	K	F	Վ	Ր	S	Ր	Ա	Վ	Ա
Ե	Ճ	V	Ւ	R	A	O	H	Ա	Ա	Շ	Ո	Ջ	Յ	Փ
Զ	Y	S	A	E	R	Ո	Ն	Ր	Հ	Ե	Ր	Փ	Դ	T
U	Հ	D	W	Բ	Զ	Ի	Կ	U	Ի	Հ	Ո	Ճ	Ջ	S
O	Ց	I	Չ	Ռ	Հ	T	Ղ	B	Ն	Մ	Վ	T	H	T
H	Պ	F	Է	Ջ	Ճ	K	W	E	N	Ո	Ա	Ո	O	R
Ժ	A	F	U	L	L	T	I	G	Ե	Ւ	U	H	T	O
Ի	H	I	M	Ճ	H	D	Ց	I	O	Թ	Ւ	Ր	L	N
U	Ր	C	I	G	E	T	Q	N	T	E	Ո	Ի	Ե	G
F	O	U	I	M	E	R	N	N	Շ	Ն	L	Ւ	Ը	Գ
Ւ	A	L	P	N	E	Գ	Y	I	I	U	Մ	Ի	Յ	A
N	T	T	D	T	T	H	I	N	T	C	Շ	B	N	L
S	Y	Ն	X	Ց	H	Ը	Ք	G	Դ	I	Ւ	Թ	I	F

FULL	ԼԻ
EMPTY	ԴԱՏԱՐԿ
NEW	ՆՈՐ
OLD	ՀԻՆ
LIGHT	ԼՈՒՍԱՎՈՐ
DARK	ՄՈՒԹ
EASY	ՀԵՇՏ
DIFFICULT	ԴԺՎԱՐ
STRONG	ՈՒԺԵՂ
WEAK	ԹՈՒՅԼ
FAT	ԳԵՐ
THIN	ՆԻՀԱՐ
BEGINNING	ՍԿԻԶԲ
END	ԱՎԱՐՏ

OPPOSITES 4

62

An antonym is a word opposite in meaning to another. A synonym is a word that has the same or similar meaning to another word. Find the antonyms from the word list in the puzzle grid.

N	Հ	T	Ղ	Ղ	Ա	Վ	K	Թ	Ա	L	Ֆ	B	Բ	T
Ձ	Թ	Փ	Բ	Խ	Բ	Ռ	I	Ռ	L	A	S	N	O	Շ
E	H	E	J	S	L	N	Ա	G	Y	S	M	O	Ժ	A
U	Բ	Ւ	Ք	Ւ	S	Ն	Հ	Ջ	T	T	I	R	A	F
U	F	Ձ	Ո	I	Ց	W	H	O	Ի	W	H	A	Y	Հ
Վ	H	Ռ	D	O	L	S	I	Ը	I	Ն	Դ	E	L	Ծ
S	Ե	E	Մ	Ը	Ւ	E	E	T	Ա	Վ	Ր	N	R	B
Հ	Յ	Ր	R	Մ	A	L	H	Ք	H	Z	U	P	A	E
H	N	H	Ջ	E	I	O	Խ	Կ	Ի	S	Ո	Մ	E	F
E	Ֆ	Ղ	Մ	Ի	U	Ա	Ղ	Ջ	Չ	Ո	Ւ	Յ	I	O
K	O	Ե	C	T	Ն	Ե	Ր	U	Ո	Ւ	Մ	R	O	R
D	H	S	Ծ	T	S	Հ	Ե	S	I	Շ	S	Կ	U	E
E	Զ	Ն	E	U	S	M	Ե	L	A	T	E	Զ	O	T
Բ	Մ	Յ	Յ	A	Ր	Հ	I	Ը	S	Խ	H	Վ	Ո	F
T	O	Ա	Շ	H	Վ	E	D	I	S	T	U	O	Ջ	A

NEAR	ՄՈՏԻԿ
FAR	ՀԵՌՈՒ
HERE	ԱՅՍՏԵՂ
THERE	ԱՅՆՏԵՂ
WITH	ՀԵՏ
WITHOUT	ԱՌԱՆՑ
BEFORE	ՆԱԽՔԱՆ
AFTER	ՀԵՏՈ
EARLY	ՎԱՂ
LATE	ՈՒՇ
INSIDE	ՆԵՐՍՈՒՄ
OUTSIDE	ԴՐՍՈՒՄ
FIRST	ԱՌԱՋԻՆ
LAST	ՎԵՐՋԻՆ

MATERIALS

63

We encounter many different materials on a daily basis. Some are strong enough to hold up buildings and others are soft and flexible. Here is a list of common materials to choose from as we continue to build your language skills.

Ը	W	O	O	D	Ա	P	E	U	Ո	Կ	F	C	Թ	O
B	G	D	C	Ր	I	L	T	U	Ռ	U	Ւ	Զ	B	A
Ղ	X	L	Ծ	Ա	L	A	T	E	M	Փ	Կ	Ն	H	Պ
Ը	A	Ա	A	Ք	U	S	M	Ա	Պ	Ա	Կ	Ի	I	Ը
Y	Թ	Վ	P	S	Փ	T	Մ	O	Վ	Յ	U	Ղ	I	Է
Ը	Ւ	Ա	I	L	S	I	Ա	Ծ	N	S	Ա	Պ	Պ	P
Ա	Ո	Չ	Ֆ	I	A	C	S	Դ	Ի	D	Մ	L	Է	Մ
Բ	Յ	D	L	O	G	T	Փ	A	Ա	T	S	Ա	Ե	Ծ
Ւ	Ն	V	O	A	E	N	I	Պ	N	Մ	U	S	R	W
I	E	Խ	N	E	I	Ո	Բ	N	Ո	D	Ա	Ի	I	Ռ
R	N	A	L	O	Ո	R	Ե	Ե	U	Ղ	L	Ն	S	Ց
Ց	D	Ն	C	O	P	P	E	R	S	M	Պ	T	Դ	K
R	Թ	H	Ց	Խ	N	Ց	K	T	X	Ո	O	Ա	N	P
O	E	Խ	H	E	C	L	Ը	J	A	N	Ն	I	S	Ա
Ճ	Ք	C	O	N	C	R	E	T	E	M	Y	Ն	D	Ե

CLAY	ԿԱՎ
CONCRETE	ԲԵՏՈՆ
COPPER	ՊՂԻՆՁ
DIAMOND	ԱԴԱՄԱՆԴ
GLASS	ԱՊԱԿԻ
GOLD	ՈՍԿԻ
MATERIAL	ՆՅՈՒԹ
METAL	ՄԵՏԱՂ
PLASTIC	ՊԼԱՍՏՄԱՍ
PLATINUM	ՊԼԱՏԻՆ
SAND	ԱՎԱԶ
SILVER	ԱՐԾԱԹ
STEEL	ՊՈՂՊԱՏ
STONE	ՔԱՐ
WOOD	ՓԱՅՏ

MATERIALS 2

64

See if you can handle another shipment of common materials. Be sure to handle each one with care.

L	E	Շ	Ո	O	A	R	L	D	K	T	Ւ	Ե	U	A	H
I	S	Դ	Ա	Գ	E	E	N	I	Բ	Ա	Մ	Բ	Ա	Կ	Ջ
S	Խ	T	D	P	N	O	T	T	O	C	U	Ր	C	O	Կ
L	E	Շ	A	A	R	N	Ա	I	Ա	S	Ո	I	Ը	Թ	Ա
Կ	Ռ	P	B	I	E	Է	Ֆ	L	T	Ւ	M	I	L	Ղ	Շ
R	Ե	F	S	M	N	L	Մ	Ց	Յ	A	Ռ	O	Յ	Ւ	Ի
Ի	S	O	E	A	Ղ	L	R	Ր	R	Ո	N	Ո	Հ	Ո	Ղ
O	Ի	C	Ր	R	Ը	S	E	E	Խ	E	Ւ	I	Է	Թ	Ձ
Ը	Ն	Ւ	Ք	B	Ֆ	Կ	C	S	H	U	B	Մ	U	N	D
Ե	M	Շ	Ձ	L	S	Ճ	Ե	Հ	S	T	Ի	B	Ի	M	Ր
S	Փ	Ռ	Ժ	E	Ծ	Ե	B	Ր	Ր	S	A	Զ	U	Ն	Հ
S	Ց	Q	U	V	Մ	Ա	Ր	Մ	Ա	Ր	T	E	S	R	I
A	L	U	M	I	N	U	M	Կ	Պ	Մ	S	E	L	Զ	Ց
R	Ց	Ե	Մ	Ե	Ն	S	Ի	S	Ա	Ն	Ի	F	E	L	I
B	R	I	C	K	L	O	Յ	T	Կ	Թ	U	Կ	G	L	R
Տ	Ա	Պ	Ղ	Ո	Պ	Ղ	Ո	Վ	Տ	Ո	Գ	Ն	Ա	Ժ	Չ

ALUMINUM	ԱԼՅՈՒՄԻՆ
BRASS	ԱՐՈՒՅՐ
BRICK	ԱՂՅՈՒՍ
CEMENT	ՑԵՄԵՆՏ
CERAMIC	ԿԵՐԱՄԻԿԱ
COTTON	ԲԱՄԲԱԿ
IRON	ԵՐԿԱԹ
LEAD	ԿԱՊԱՐ
LEATHER	ԿԱՇԻ
MARBLE	ՄԱՐՄԱՐ
PAPER	ԹՈՒՂԹ
RUBBER	ՌԵՏԻՆ
SOIL	ՀՈՂ
STAINLESS STEEL	ՉԺԱՆԳՈՏՎՈՂ ՊՈՂՊԱՏ
TITANIUM	ՏԻՏԱՆ

SOMETHING TO DRINK?

65

We've made it through the first half of the book. Time to stop and have something to drink. Can we suggest one of the following?

N	S	L	Ի	Ն	Ի	Գ	Կ	Ա	Տ	Ի	Պ	Ս	Ռ	Ս
G	Խ	H	Դ	Հ	Պ	Ա	Ռ	Տ	Կ	Y	I	E	Փ	B
L	Ջ	Է	Ն	Յ	Թ	Ֆ	Ո	D	A	Յ	Ի	S	O	U
O	A	S	Ե	Ո	Շ	Ա	Մ	Փ	Ա	Յ	Ն	Ղ	Ն	Չ
B	N	Բ	Ր	Ւ	Ն	Ր	H	S	Ռ	Ջ	Ի	Ն	Թ	O
W	R	I	Բ	Թ	Q	Ի	Ւ	O	W	O	Գ	Խ	Ֆ	Հ
H	E	A	C	Շ	Ե	A	Չ	Ո	Յ	Ճ	Ր	Ւ	Ո	U
I	D	N	N	C	K	Յ	I	Ւ	Ջ	Վ	Ի	Ս	Կ	Ի
T	W	Ո	G	D	U	Պ	Խ	R	Ո	Ե	Մ	Q	E	N
E	I	Ք	O	A	Y	P	E	E	C	Պ	Ր	Ւ	Ո	Ջ
W	N	V	A	S	P	E	P	T	J	R	Ա	Ա	L	O
I	E	V	E	Փ	B	M	Ծ	A	S	Ս	Կ	Կ	Գ	Փ
N	A	V	S	A	A	N	A	W	C	M	I	L	K	Ձ
E	I	Ճ	Y	E	K	S	I	H	W	S	Գ	C	A	H
T	E	U	Բ	T	Ի	E	D	G	C	O	F	F	E	E

BEER	ԳԱՐԵՋՈՒՐ
BRANDY	ԲՐԵՆԴԻ
CAPPUCCINO	ԿԱՊՈՒՉԻՆՈ
CHAMPAGNE	ՇԱՄՓԱՅՆ
COFFEE	ՍՈՒՐՃ
GIN	ՋԻՆ
JUICE	ՀՅՈՒԹ
MILK	ԿԱԹ
RED WINE	ԿԱՐՄԻՐ ԳԻՆԻ
RUM	ՌՈՄ
TEA	ԹԵՅ
VODKA	ՕՂԻ
WATER	ՋՈՒՐ
WHISKEY	ՎԻՍԿԻ
WHITE WINE	ՍՊԻՏԱԿ ԳԻՆԻ

REVIEW: NUMBERS

66

Review Jumble: The translations in the word list below have been scrambled. Draw lines between the left and right columns to find the correct translations.

Ի	O	G	N	Մ	Պ	Ջ	S	Դ	D	S	E	Հ	T	H
Y	L	O	E	Ե	W	Յ	Փ	U	Ա	P	Է	O	T	Պ
I	Ը	Թ	L	Կ	Ե	Մ	Ն	U	Ա	S	Ճ	H	Ք	Ծ
P	S	T	Ւ	Փ	Ւ	F	Ն	Փ	O	L	I	F	Ե	U
Գ	Ա	O	W	Ո	D	Ե	O	Ջ	Ծ	R	O	Թ	Ր	Ր
Ե	U	O	Կ	E	Ր	N	Յ	U	T	U	Ը	Ո	Ե	Ո
Y	Ն	Ր	F	Կ	L	Ք	E	E	R	Գ	Չ	Յ	S	Չ
Ց	Ե	Վ	Ո	F	I	V	E	T	Հ	Ն	E	Բ	C	Կ
Թ	Ր	Ւ	Կ	E	Ջ	N	E	O	U	Ի	Բ	Վ	U	Ե
Շ	Ե	E	L	E	V	E	N	Ա	Մ	Հ	Ն	C	C	Չ
Դ	Ք	Ր	Թ	R	N	E	S	F	Ի	Ն	Ը	Գ	Մ	Ծ
A	A	S	H	H	E	T	I	A	L	U	Ա	S	Ա	Ւ
L	Խ	A	Ւ	T	V	F	X	G	Թ	Ա	Շ	O	Ֆ	Խ
N	Ա	N	I	N	E	I	H	I	H	S	W	Մ	Ւ	S
Ե	Ծ	Չ	A	A	S	F	W	Ն	A	T	Ժ	E	Դ	Չ

ONE	ԵՐԿՈՒ
TWO	ՈՒԹ
THREE	ՏԱՍՆԵՐԵՔ
FOUR	ՅՈԹ
FIVE	ՏԱՍՆԵՐԿՈՒ
SIX	ՏԱՍ
SEVEN	ՉՈՐՍ
EIGHT	ՏԱՍՆՀԻՆԳ
NINE	ԻՆԸ
TEN	ՏԱՍՆՉՈՐՍ
ELEVEN	ԵՐԵՔ
TWELVE	ՎԵՑ
THIRTEEN	ՏԱՍՆՄԵԿ
FOURTEEN	ՄԵԿ
FIFTEEN	ՀԻՆԳ

REVIEW: MORE NUMBERS 67

Review Time: Draw lines between the English word on the left and the corresponding translation on the right. Refer back to the original puzzle if you need help.

Ք	Թ	Ն	Վ	E	I	G	H	T	E	E	N	Ն	Դ	I
Յ	Ո	Թ	Ա	Ն	Ա	Ս	Ո	Ւ	Ն	F	Ւ	T	N	Զ
Գ	Յ	Յ	Թ	U	N	Ը	Մ	Ւ	Ե	Ո	O	I	E	Ա
Ն	Ն	Է	Ս	T	Ք	O	Ո	Ի	Ս	Փ	N	R	E	L
Ւ	U	D	Ո	Կ	W	Ս	I	Ե	Լ	E	Ե	W	T	D
Ո	Ա	T	Ւ	Գ	Ա	E	Ր	L	T	Ի	Յ	M	N	Y
Ս	Տ	Ռ	Ն	Ռ	Ժ	Ե	N	E	L	Մ	Ո	A	E	W
Ի	Ա	D	Ա	Ժ	N	E	E	T	X	I	S	Ն	V	Պ
Հ	Ս	Ք	E	F	Ը	N	I	Յ	Y	U	M	Ւ	E	Ց
Ա	Ն	Y	T	R	I	H	T	G	O	O	Զ	Ո	S	Ե
Ր	Ո	F	T	R	D	F	S	H	H	E	A	Ս	I	Վ
Յ	Ւ	S	E	V	E	N	T	Y	B	T	Ա	Ն	X	Ն
Ո	Թ	Հ	Ա	Զ	Ա	Ր	U	Y	B	Ծ	Y	Ն	T	Ս
Ւ	Ն	Ւ	Ո	Ս	Թ	Ւ	Ո	H	Յ	I	Պ	Ի	Y	Ա
Ր	Y	T	E	N	I	N	Խ	Ը	Ն	Ի	Ն	Ս	Ա	Տ

SIXTEEN	ՀԻՍՈՒՆ
SEVENTEEN	ՎԱԹՍՈՒՆ
EIGHTEEN	ՏԱՍՆՅՈԹ
NINETEEN	ՅՈԹԱՆԱՍՈՒՆ
TWENTY	ՏԱՍՆՈՒԹ
THIRTY	ՏԱՍՆԻՆԸ
FORTY	ՏԱՍՆՎԵՑ
FIFTY	ՀԱԶԱՐ
SIXTY	ՔՍԱՆ
SEVENTY	ՄԻԼԻՈՆ
EIGHTY	ԻՆՆՍՈՒՆ
NINETY	ՀԱՐՅՈՒՐ
HUNDRED	ՔԱՌԱՍՈՒՆ
THOUSAND	ՈՒԹՍՈՒՆ
MILLION	ԵՐԵՍՈՒՆ

REVIEW: DAYS OF THE WEEK 68

Review Jumble: The translations in the word list below have been scrambled. Draw lines between the left and right columns to find the correct translations.

N	Y	L	Ի	Է	Ջ	Պ	Խ	O	Ե	Ր	Ե	Կ	Չ	Կ
L	A	D	Ի	Թ	Բ	Ա	Շ	Գ	Ն	Ի	Հ	Ի	Ք	Ք
Ա	D	T	U	E	S	D	A	Y	Թ	Ա	Բ	Ր	Ւ	Ո
Յ	O	Թ	I	W	Y	Թ	W	Բ	A	Ե	Վ	Ա	Ղ	Ը
U	T	Ա	Փ	O	Ա	E	Ա	E	Ր	D	Ե	Կ	T	N
O	Շ	Բ	Ն	Բ	N	Շ	S	Կ	E	Ր	Զ	Ի	H	Ր
Ր	O	Ա	Ա	Ո	Ք	A	Ո	T	Ե	K	W	Յ	U	Կ
I	T	Շ	Բ	Ե	S	Ւ	L	Ք	E	E	E	T	R	S
F	Յ	Ծ	Ր	Ա	Շ	Ն	Շ	H	D	R	O	N	S	A
H	R	Ո	Զ	Ա	Թ	Ա	Ի	N	O	M	D	U	D	T
L	Չ	I	Բ	Ջ	Բ	Ա	E	Յ	O	L	N	A	A	U
L	V	Թ	D	Թ	Ը	S	Վ	R	Ա	D	I	I	Y	R
D	Ի	Շ	Ի	A	D	E	R	Ե	A	Գ	Է	D	G	D
M	O	N	D	A	Y	O	Բ	Y	Ր	Հ	Զ	Ր	A	A
T	Ֆ	Պ	Y	D	W	E	E	K	Ջ	Ջ	Ւ	Ա	Զ	Y

MONDAY	ՈՒՐԲԱԹ
TUESDAY	ՇԱԲԱԹ
WEDNESDAY	ԿԻՐԱԿԻ
THURSDAY	ԵՐԿՈՒՇԱԲԹԻ
FRIDAY	ՎԱՂԸ
SATURDAY	ՇԱԲԱԹԱՎԵՐՋ
SUNDAY	ԵՐԵՔՇԱԲԹԻ
WEEKEND	ՀԻՆԳՇԱԲԹԻ
NATIONAL HOLIDAY	ՉՈՐԵՔՇԱԲԹԻ
TODAY	ՇԱԲԱԹ
TOMORROW	ԱԶԳԱՅԻՆ ՏՈՆ
YESTERDAY	ՕՐ
WEEK	ԵՐԵԿ
DAY	ԱՅՍՕՐ

REVIEW: MONTHS

69

Review Time: Draw lines between the English word on the left and the corresponding translation on the right. Refer back to the original puzzle if you need help.

S	E	P	T	E	M	B	E	R	Վ	Հ	Պ	Ւ	Ր	S
Y	D	H	U	Ի	Ն	Ւ	Ո	Հ	Բ	Ճ	Ջ	Ե	T	T
R	E	B	O	T	C	O	Ե	Y	A	M	Բ	Ժ	E	Ֆ
Գ	C	A	E	Ց	Ջ	L	R	Ե	T	Մ	S	Ծ	Բ	O
J	E	Ո	R	J	Յ	A	X	Փ	Ե	S	Ր	Վ	Ա	Ր
U	M	C	U	E	U	Ւ	Գ	Ց	U	A	Ա	Բ	Ւ	C
L	B	N	A	R	Պ	Հ	Ո	Կ	S	Ե	Մ	Բ	Ե	Ր
Y	E	Հ	B	L	Ը	Ն	A	Ց	Ը	Յ	Հ	Ֆ	Ե	Ե
Հ	R	E	B	M	E	V	O	N	Ա	Ո	Ի	Բ	U	Բ
Ո	F	A	Հ	Ո	H	N	A	Ա	Ւ	Ր	Մ	Ր	Ց	Մ
Ւ	I	U	U	C	C	P	D	L	Պ	Ե	O	Ր	Ա	Ե
Ն	Ա	G	Գ	N	R	L	Ի	A	S	Ր	Մ	Յ	Մ	S
Վ	Չ	U	O	I	A	U	Ց	Կ	R	Ո	Ի	F	Ի	Պ
Ա	Ք	S	L	Ջ	M	J	Ե	U	H	U	G	L	U	Ե
Ր	H	T	N	O	M	Դ	Ժ	O	Գ	Ո	U	S	Ո	U

JANUARY	ՀՈՒՆԻՍ
FEBRUARY	ՕՐԱՑՈՒՅՑ
MARCH	ՕԳՈՍՏՈՍ
APRIL	ՄԱՐՏ
MAY	ԱՄԻՍ
JUNE	ՓԵՏՐՎԱՐ
JULY	ՍԵՊՏԵՄԲԵՐ
AUGUST	ՆՈՅԵՄԲԵՐ
SEPTEMBER	ՀՈՒՆՎԱՐ
OCTOBER	ՏԱՐԻ
NOVEMBER	ՄԱՅԻՍ
DECEMBER	ԴԵԿՏԵՄԲԵՐ
CALENDAR	ԱՊՐԻԼ
MONTH	ՀՈԿՏԵՄԲԵՐ
YEAR	ՀՈՒԼԻՍ

REVIEW: TIME & SEASONS

70

Review Jumble: The translations in the word list below have been scrambled. Draw lines between the left and right columns to find the correct translations.

Ձ	Մ	Ե	Ռ	Ւ	Կ	Ա	Յ	Մ	Ա	Ն	Ս	Ա	Տ	A
L	Ո	H	Պ	S	Շ	Ը	Y	E	A	R	Ա	Ռ	Ա	F
L	O	R	M	Ո	S	Թ	Փ	T	U	Ի	Մ	Ա	Ր	T
Մ	Վ	Ի	Ւ	O	Ր	Շ	R	U	O	H	Ա	Վ	Ի	E
Ր	Ա	Ն	D	Q	R	E	T	N	I	W	Ռ	Ո	Ն	R
Ե	Յ	C	E	A	Շ	N	Յ	I	I	C	I	S	Ռ	N
Շ	Ր	O	C	A	L	I	I	M	E	G	E	O	E	O
Ի	Կ	Գ	A	S	E	C	O	N	D	C	H	Պ	E	O
Գ	Յ	Ժ	D	Ձ	E	O	T	Y	G	A	W	T	Շ	N
L	Ա	R	E	M	M	U	S	N	Ը	L	Y	Ն	F	Ց
Ժ	Ն	Ր	D	Շ	R	O	I	Ռ	M	O	O	W	Հ	Է
Հ	Ա	Մ	Ո	Y	Ռ	R	N	Ք	Ե	U	F	F	M	Ա
Դ	Մ	Մ	Կ	Ւ	P	H	Ի	T	Դ	Խ	T	Ա	Ւ	Զ
Կ	Ռ	Հ	Գ	S	Ն	Յ	Ր	L	H	Ղ	E	U	Ո	H
Ց	Ո	S	Ե	Հ	Ց	Ի	Ր	O	U	Ե	Կ	H	A	Հ

WINTER	ԴԱՐ
SPRING	ԳԻՇԵՐ
SUMMER	ՐՈՊԵ
AUTUMN	ԱՇՈՒՆ
SECOND	ՕՐ
MINUTE	ԱՌԱՎՈՏ
HOUR	ԱՄԻՍ
DAY	ԳԱՐՈՒՆ
MONTH	ՏԱՐԻ
YEAR	ԺԱՄ
MORNING	ՎԱՅՐԿՅԱՆ
AFTERNOON	ԱՄԱՌ
NIGHT	ԿԵՍՕՐԻՑ ՀԵՏՈ
DECADE	ՏԱՍՆԱՄՅԱԿ
CENTURY	ՁՄԵՌ

REVIEW: COLORS

71

Review Time: Draw lines between the English word on the left and the corresponding translation on the right. Refer back to the original puzzle if you need help.

N	Գ	O	Ն	E	Ո	S	Ւ	Կ	G	R	E	Y	Ն	Ն
Մ	Կ	R	O	Յ	Ը	U	Ա	Զ	E	L	Ժ	Յ	Յ	Ե
Չ	Ա	Ն	Ա	Կ	Ւ	Պ	Կ	D	E	Ն	Ւ	Ւ	B	B
Ն	S	Ն	Յ	Y	Ո	Ո	O	Ե	Յ	Ո	Ո	E	L	P
Y	Ի	U	Ո	Ւ	Ֆ	O	Գ	Ւ	Գ	Գ	L	U	A	U
E	Պ	Ղ	Յ	Ւ	Ո	S	Ո	Ա	Ա	Ո	E	Ճ	C	R
L	U	S	Ե	O	Շ	Գ	Թ	Կ	Ջ	Ա	Ւ	O	K	P
L	Ե	S	G	Դ	Ա	Ա	Ա	E	Ո	Ն	N	Յ	Ի	L
O	Վ	Ձ	G	Դ	Ծ	Ն	Կ	Ր	G	Կ	Ր	Փ	Ն	E
W	Դ	O	Ր	Ր	Ա	Զ	G	Ա	Խ	N	Զ	Ա	Ծ	T
Ձ	L	Ա	Ա	Գ	P	Է	W	P	Գ	Ո	A	Ֆ	Ն	I
D	Վ	Կ	Ա	Ր	Մ	Ի	Ր	I	Ա	Ո	Մ	R	Ն	H
H	L	Շ	Ը	G	R	E	E	N	Ղ	O	Ւ	O	O	W
U	T	N	W	O	R	B	L	K	Վ	Ի	Զ	Յ	I	Մ
N	Պ	Ո	Ծ	R	E	V	L	I	S	Յ	M	Ձ	Ն	L

BLACK	ՍԵՎ
BLUE	ՍՊԻՏԱԿ
BROWN	ՈՍԿԵԳՈՒՅՆ
GOLD	ՆԱՐՆՋԱԳՈՒՅՆ
GREY	ԿԱՆԱՉ
GREEN	ԿԱՊՈՒՅՏ
ORANGE	ԱՐԾԱԹԱԳՈՒՅՆ
PINK	ՄՈԽՐԱԳՈՒՅՆ
PURPLE	ՇԱԳԱՆԱԿԱԳՈՒՅՆ
RED	ԿԱՐՄԻՐ
SILVER	ՄԱՆՈՒՇԱԿԱԳՈՒՅՆ
WHITE	ԴԵՂԻՆ
YELLOW	ՎԱՐԴԱԳՈՒՅՆ

REVIEW: SHAPES

72

Review Jumble: The translations in the word list below have been scrambled. Draw lines between the left and right columns to find the correct translations.

E	Խ	N	W	Ն	Ւ	Ո	Յ	Կ	Ն	Ա	Թ	Ւ	Ո	U
S	L	O	N	N	Ւ	E	U	Ց	Բ	Ժ	Ո	C	Հ	B
P	Ո	G	Կ	O	E	Ո	N	Դ	Ն	Ա	Մ	Ա	Դ	Ա
H	Ւ	A	N	G	G	Ք	Յ	Ձ	Բ	Ո	Ւ	Ր	Գ	S
E	Ղ	T	U	A	Չ	A	Ա	Կ	Ե	O	Ա	Շ	Ո	Q
R	Ղ	C	D	T	I	Վ	X	Ռ	Ն	Ն	V	Ն	Ւ	U
E	Ա	O	Ե	N	Ձ	R	Ա	E	Ա	Ա	Ա	Չ	Ն	A
C	Ն	N	Գ	E	O	Ն	T	Ր	H	Կ	Ց	L	Դ	R
T	Կ	E	Q	P	Կ	M	Ո	Վ	A	Ժ	Ո	Ե	Գ	E
A	Յ	E	N	Յ	Ր	Խ	A	Կ	V	I	Ը	Ւ	Վ	Ա
N	Ո	Մ	Ո	R	E	D	N	I	L	Y	C	Ի	U	S
G	Ւ	Ւ	P	Y	R	A	M	I	D	U	D	S	T	Ի
L	Ն	Թ	Ձ	Թ	O	V	A	L	B	T	Ղ	A	Փ	H
E	L	C	R	I	C	Ո	Ի	E	Գ	Թ	R	Ն	S	Ց
O	Հ	Ն	Գ	Ա	Ն	Կ	Յ	Ո	Ւ	Ն	Ա	Ջ	Ր	Շ

CIRCLE	ԽՈՐԱՆԱՐԴ
CONE	ԿՈՆ
CUBE	ԵՌԱՆԿՅՈՒՆ
CYLINDER	ՈՒԹԱՆԿՅՈՒՆ
DIAMOND	ԳԼԱՆ
HEXAGON	ՁՎԱՁև
OCTAGON	ԱԴԱՄԱՆԴ
OVAL	ՀՆԳԱՆԿՅՈՒՆ
PENTAGON	ՎԵՑԱՆԿՅՈՒՆ
PYRAMID	ԲՈՒՐԳ
RECTANGLE	ՈՒՂՂԱՆԿՅՈՒՆ
SPHERE	ՇՐՋԱՆ
SQUARE	ԳՈՒՆԴ
STAR	ՔԱՌԱԿՈՒՍԻ
TRIANGLE	ԱՍՏՂ

REVIEW: THE HEAD

73

Review Time: Draw lines between the English word on the left and the corresponding translation on the right. Refer back to the original puzzle if you need help.

I	Խ	Ի	Է	R	Ո	Փ	Է	I	Շ	Շ	Փ	Ը	L	Չ
A	L	H	Պ	R	Փ	I	Ր	H	N	L	Ձ	E	Ձ	T
Պ	Ի	Ա	N	Դ	S	N	Բ	A	C	N	Ջ	Ք	Ղ	I
Շ	I	Ջ	Կ	S	Ր	Է	O	Ղ	Չ	H	Ձ	Է	S	Պ
G	Ճ	Ր	Յ	Ա	Ե	Զ	Ա	S	Ք	T	I	U	W	Ճ
Ի	Չ	Ա	Ե	O	Ն	I	Ր	Մ	E	U	G	N	O	T
N	Չ	Ի	Կ	Զ	Մ	Ջ	Ե	R	Ձ	O	F	U	R	E
Ք	Հ	Ք	Թ	Ա	Ա	Դ	Ն	T	O	M	O	E	B	Y
H	Ւ	A	G	Ր	S	Մ	Ք	Ի	Թ	T	R	Ը	E	E
I	Ա	Ո	Կ	Զ	Ա	Կ	Ն	Խ	Ք	Ֆ	E	C	Y	L
Զ	Ի	D	Զ	C	Բ	Թ	Ւ	Ն	H	Ն	H	E	E	A
E	Կ	Վ	Ե	Ե	C	Ո	Ո	E	Y	E	E	H	T	S
N	Ո	H	Ր	E	L	Հ	Թ	N	E	C	A	P	L	H
N	N	Ա	Ձ	Գ	Ֆ	Ե	Ր	K	A	I	D	D	Y	E
Զ	Ն	E	Պ	N	Ծ	Փ	Շ	F	R	Ը	L	I	P	S

CHEEK	ԳԼՈՒԽ
CHIN	ԹԱՐԹԻՉ
EAR	ԼԵԶՈՒ
EYE	ՇՐԹՈՒՆՔՆԵՐ
EYEBROWS	ԴԵՄՔ
EYELASHES	ՃԱԿԱՏ
FACE	ՄԱԶԵՐ
FOREHEAD	ԱԿԱՆՋ
HAIR	ՔԻԹ
HEAD	ԱՏԱՄՆԵՐ
LIPS	ԿԶԱԿ
MOUTH	ԱՅՏ
NOSE	ԲԵՐԱՆ
TEETH	ԱՉՔ
TONGUE	ՀՈՆՔ

REVIEW: THE BODY

74

Review Jumble: The translations in the word list below have been scrambled. Draw lines between the left and right columns to find the correct translations.

A	E	A	Մ	Ո	Տ	Ն	Ա	Թ	Ա	Թ	Ձ	A	F	A
Փ	Խ	Դ	Չ	Y	T	Ը	R	Z	M	Ծ	S	I	O	F
A	Չ	P	H	Ե	Պ	L	Չ	E	Ճ	Ե	N	H	O	Գ
Y	E	Ռ	Յ	O	O	T	L	G	G	G	E	I	T	L
T	R	E	D	L	U	O	H	S	E	L	P	P	I	N
Կ	S	H	O	U	L	D	E	R	B	L	A	D	E	Փ
Ն	Ւ	I	Ե	Ւ	H	N	D	O	Ո	M	Ք	Ռ	Ե	Ձ
Ւ	Ռ	Ո	A	M	R	A	W	S	T	Ւ	U	Ջ	S	Ղ
Ո	O	N	Զ	W	Վ	H	Ք	Կ	R	Ք	U	H	Ե	O
Ծ	I	Ն	R	Ա	F	Ի	Z	Ւ	S	H	T	S	T	Մ
Յ	R	I	L	Ն	Բ	Կ	Ռ	Ո	Մ	Ռ	Ա	H	S	Ճ
Ց	S	Ռ	T	Ո	Դ	Ա	U	S	Ա	Կ	S	Ւ	T	Փ
T	D	Ց	Ւ	Յ	U	Ի	N	Պ	S	Խ	O	M	Բ	Զ
Ը	R	Թ	Ւ	Ո	Բ	Թ	Թ	Ո	R	O	R	Փ	R	Ա
O	A	Ֆ	N	O	Չ	O	Գ	Դ	H	Չ	Պ	A	B	R

ARM	ՈՏՔԻ ԲՈՒԹ
ELBOW	ՈՒՍ
FINGER	ԹԻԱԿ
FOOT	ԴԱՍՏԱԿ
HAND	ԲԱԶՈՒԿ
HIP	ՄԱՏ
LEG	ԳՈՏԿԱՏԵՂ
NIPPLE	ԲՈՒԹ
SHOULDER	ՊՏՈՒԿ
SHOULDER BLADE	ՈՏՆԱԹԱԹ
THUMB	ՄԵՋՔ
TOE	ՁԵՌՔ
WAIST	ԾՈՒՆԿ
WRIST	ՈՏՔ

REVIEW: THE BODY 2

75

Review Time: Draw lines between the English word on the left and the corresponding translation on the right. Refer back to the original puzzle if you need help.

S	Մ	R	S	N	L	I	A	N	R	E	G	N	I	F
Կ	Կ	Ր	Ծ	Ք	Ա	Վ	Ա	Ն	Դ	Ա	Կ	K	O	L
R	Ւ	Ճ	Կ	Ն	Ւ	Ո	Ծ	T	L	S	C	R	S	A
Ա	Ո	Ք	Յ	Ւ	Ո	S	Ե	Հ	A	E	E	N	K	C
Կ	Զ	Ե	Ղ	Ո	Ւ	Ն	Գ	T	N	A	Շ	B	D	T
C	Ա	Դ	Դ	Կ	T	I	P	M	R	A	R	U	K	S
N	Բ	S	Ր	Ի	Ո	Զ	E	M	Ձ	E	Բ	T	C	T
S	Ա	Ր	Ա	Թ	Ի	Կ	D	Ջ	A	H	Թ	T	A	N
Մ	Խ	Ո	Գ	Վ	Շ	Ճ	Ո	S	Հ	Y	D	O	B	A
Ք	Ա	Պ	M	Ա	Ե	E	T	Ր	Խ	R	R	C	N	V
Ն	Ն	Ր	Մ	J	S	Թ	Ջ	Ւ	Դ	H	D	K	I	E
Ո	Ց	Ւ	Մ	Ծ	H	G	I	H	T	C	L	S	K	L
A	Ձ	Ճ	Ո	Ի	T	Հ	E	Ի	E	E	Խ	F	S	S
Հ	Ո	Հ	Ն	Ր	Ն	D	I	Ի	S	U	S	Ը	A	Կ
G	D	D	Ց	N	U	N	E	L	H	Բ	R	S	D	Զ

ANKLE	ԹԻԿՈՒՆՔ
ARMPIT	ՆԱԽԱԲԱԶՈՒԿ
BACK	ՄԱՐՄԻՆ
BODY	ԱԶԴՐ
BREAST	ԾՈՒՆԿ
BUTTOCKS	ԵՂՈՒՆԳ
CALF	ՄԱՇԿ
FINGERNAIL	ԿՐԾՔԱՎԱՆԴԱԿ
FOREARM	ՍՐՈՒՆՔ
KNEE	ՎԻԶ
NAVEL	ԿՈՃ
NECK	ԹԵՎԱՏԱԿ
SKIN	ՊՈՐՏ
THIGH	ԿՈԿՈՐԴ
THROAT	ՀԵՏՈՒՅՔ

REVIEW: ON THE INSIDE

76

Review Jumble: The translations in the word list below have been scrambled. Draw lines between the left and right columns to find the correct translations.

Ր	Ե	Ն	Թ	Ո	Ն	Ա	Մ	U	R	Ը	S	Ճ	S	S	E
Ձ	Ն	Ւ	Ո	Յ	Ր	Ա	Ք	Ք	O	E	Թ	S	T	Ժ	Ն
Հ	Թ	B	U	E	Կ	Ո	Ի	Փ	I	R	A	X	O	Ւ	S
Կ	Ա	Ք	Ի	Ի	Մ	Ղ	Ա	R	Ր	E	W	S	M	M	N
E	U	U	Ր	Ա	Ա	Յ	E	Ե	R	V	H	E	A	R	T
Ի	S	Ե	S	Ր	Ծ	T	Ն	C	Բ	I	T	L	C	O	Y
Է	Ա	U	Յ	Ա	R	Ի	N	T	P	L	L	C	H	Ր	U
Ռ	Մ	Ւ	Ղ	A	Ղ	A	Ո	V	E	I	N	S	Է	O	Ժ
Մ	Ո	S	Ե	Ա	P	Ի	Վ	U	N	I	Ը	U	Գ	Ի	A
Կ	Ք	U	Ղ	Ճ	Ո	P	Ն	T	Q	Յ	Ց	M	H	Դ	H
Ա	U	Թ	Ւ	S	A	Y	E	Ե	Ր	Ա	Կ	Ն	Ե	Ր	U
Ն	Ա	L	Ո	Ֆ	P	S	Ջ	N	Ր	O	Կ	C	Ծ	Ա	S
Ն	Յ	Վ	W	Ք	T	L	N	F	D	O	O	L	B	Յ	G
Ե	Ի	S	K	I	D	N	E	Y	V	I	R	Ն	Դ	L	N
Ր	Ն	L	N	I	A	R	B	E	A	Ե	X	Կ	K	Ջ	U
I	E	E	N	I	T	S	E	T	N	I	E	G	R	A	L

APPENDIX	ԹՈՔ
ARTERIES	ԱՆՈԹՆԵՐ
BLOOD	ԿՈՒՅՐԱՂԻՔ
BRAIN	ԵՐԱԿՆԵՐ
HEART	ՀԱՍՏ ԱՂԻՆԵՐ
KIDNEY	ՍԻՐՏ
LARGE INTESTINE	ՓԱՅԾԱՂ
LIVER	ՍՏԱՄՈՔՍ
LUNGS	ՈՒՂԵՂ
MUSCLES	ՄԿԱՆՆԵՐ
PANCREAS	ԱՂԻՆԵՐ
SMALL INTESTINE	ԱՐՅՈՒՆ
SPLEEN	ԵՐԻԿԱՄ
STOMACH	ԼՅԱՐԴ
VEINS	ԵՆԹԱՍՏԱՄՈՔՍԱՅԻՆ գեղձ

REVIEW: EARTH

77

Review Time: Draw lines between the English word on the left and the corresponding translation on the right. Refer back to the original puzzle if you need help.

E	Ռ	N	Ի	E	D	U	T	I	T	A	L	N	Ե	Մ	Ջ	U
Ռ	H	Ե	S	L	J	Ք	I	T	N	Հ	A	Ջ	Ր	Ա	Ո	Ո
P	Ե	Է	Վ	Ր	Ա	E	Ա	T	Ր	E	I	N	Կ	Ն	I	Ն
A	A	Վ	J	Ե	U	Յ	A	Պ	C	Վ	S	W	Ա	S	Ք	Ա
C	C	E	Ե	R	Բ	R	Ն	O	Ո	Խ	A	Ի	Ր	Ա	H	Ի
I	I	I	O	Բ	C	Ն	C	Ո	T	Ր	Կ	V	Ո	Ր	A	Կ
F	R	P	R	T	Ն	I	Ի	E	Ւ	Վ	Վ	Ր	Ւ	Կ	Ն	Վ
I	E	O	I	E	T	Ի	D	Յ	O	Թ	Ո	Ե	Թ	S	Ի	O
C	M	C	A	N	M	U	Յ	Ն	Ա	S	Յ	T	Յ	Ի	Յ	Ղ
O	A	Ճ	A	F	T	A	Ա	Ա	Ա	Վ	E	Ո	Ո	Դ	Ա	Ա
C	H	L	Ռ	I	R	Յ	H	Վ	U	Ֆ	Ա	Գ	Ւ	Ա	U	Ղ
E	T	Շ	G	Ի	S	I	Կ	T	E	Ի	Ր	Ր	Ն	Ն	Ի	Ա
A	R	N	Չ	Ն	Վ	Է	C	Y	U	Ա	U	Ի	Ա	T	U	Խ
N	O	Զ	Ա	Ջ	E	Q	U	A	T	O	R	Ւ	Կ	Հ	Ւ	H
L	N	L	E	L	O	P	H	T	U	O	S	R	Ո	Ա	Ո	O
L	S	L	Կ	U	E	L	O	P	H	T	R	O	N	Յ	Յ	Չ
Ա	Կ	Ի	Ր	Ե	Մ	Ա	Ն	Ի	Յ	Ա	Վ	Ա	Ր	Ա	Հ	Յ

AFRICA
ANTARCTICA
ASIA
ATLANTIC OCEAN
EQUATOR
EUROPE
LATITUDE
LONGITUDE
NORTH AMERICA
NORTH POLE
PACIFIC OCEAN
SOUTH AMERICA
SOUTH POLE

ԱՍԻԱ
ԱՖՐԻԿԱ
ԵՐԿԱՐՈՒԹՅՈՒՆ
ՀՅՈՒՍԻՍԱՅԻՆ ԲԵՎԵՌ
ԵՎՐՈՊԱ
ԷԿՎԱՏՈՐ
ՀՅՈՒՍԻՍԱՅԻՆ ամերիկա
ԽԱՂԱՂ ՕՎԿԻԱՆՈՍ
ԱՏԼԱՆՏՅԱՆ ՕՎԿԻԱՆՈՍ
ՀԱՐԱՎԱՅԻՆ ԲԵՎԵՌ
ԼԱՅՆՈՒԹՅՈՒՆ
ԱՆՏԱՐԿՏԻԴԱ
ՀԱՐԱՎԱՅԻՆ ԱՄԵՐԻԿԱ

REVIEW: GEOGRAPHY 78

Review Jumble: The translations in the word list below have been scrambled. Draw lines between the left and right columns to find the correct translations.

N	Մ	J	V	M	F	Պ	Ժ	Ն	T	D	R	Ֆ	I	G
Ի	Ր	E	C	O	R	A	L	R	E	E	F	I	Յ	T
F	A	B	R	U	L	L	Ւ	S	I	Ի	E	Թ	Կ	R
Ն	E	E	A	N	Ա	C	E	C	Ժ	Ժ	U	Խ	Y	Բ
A	S	A	T	T	Բ	R	A	E	Կ	Ք	K	Ւ	U	Ո
T	U	C	E	A	T	L	E	N	Ա	E	Վ	Ո	Ծ	Ւ
T	Պ	H	R	I	G	Պ	T	Ղ	O	Ը	Ն	Բ	Ն	U
I	S	L	A	N	D	U	Ա	Ռ	Ց	Ա	Դ	Ա	Շ	S
Ր	R	A	A	Բ	N	Ք	Ը	Գ	Ի	Ռ	Ր	Ր	Փ	Ա
Զ	Ք	E	O	K	Ճ	Ի	L	Կ	Ե	Ա	Ւ	Հ	Ն	Խ
L	C	A	V	C	E	Վ	Վ	Ո	Ն	S	V	Ա	Ն	Ո
O	Ռ	Y	T	I	C	O	E	Ռ	Ղ	Ն	Պ	U	H	Ւ
S	Բ	T	T	Ք	R	H	Ա	Ե	N	Ա	D	S	K	Թ
Ի	Զ	Ղ	Կ	Ք	A	Խ	Է	L	S	A	Փ	Ղ	Ի	Թ
E	T	Ք	E	Թ	N	E	Կ	D	S	Բ	Գ	Ռ	Ե	Ֆ

BEACH	ԿՂԶԻ
CITY	ՕՎԿԻԱՆՈՍ
COAST	ԱՆՏԱՌ
CORAL REEF	ԱՆԱՊԱՏ
CRATER	ՍԱՌՑԱԴԱՇՏ
DESERT	ԱՓ
FOREST	ԲՈՒՍԱԽՈՒԹ
GLACIER	ԾՈՎ
ISLAND	ՔԱՂԱՔ
LAKE	ԽԱՌՆԱՐԱՆ
MOUNTAIN	ԳԵՏ
OCEAN	ԼԻՃ
RIVER	ԼՈՂԱՓ
SEA	ԼԵՌ
VOLCANO	ՀՐԱԲՈՒԽ

REVIEW: WEATHER

Review Time: Draw lines between the English word on the left and the corresponding translation on the right. Refer back to the original puzzle if you need help.

M	E	Կ	Ք	C	S	Ռ	Բ	Ն	T	F	A	Կ	Յ	Բ	E
R	F	Ն	T	G	Ն	Է	Ր	Ծ	Ա	Մ	Ա	Պ	Մ	Ա	Վ
A	E	S	E	Ւ	S	E	Ժ	Ն	Ի	Ծ	Ջ	Թ	Ե	Ր	E
W	A	D	Ո	Ջ	Z	O	Ձ	Փ	Յ	Շ	Ա	G	C	Ո	O
Մ	S	Յ	N	Վ	Ռ	Ր	T	Ա	Ո	P	U	Ի	L	Մ	O
Չ	Ձ	Խ	Ջ	U	Ե	O	Կ	Գ	Կ	Թ	B	Պ	Ծ	Ե	H
Պ	A	E	Ո	Վ	H	Ր	Ք	S	Ր	Ւ	Ո	Ց	R	S	Ը
I	Ն	Չ	U	U	U	T	Ա	Ծ	O	Ր	Ջ	Ր	Ո	Ր	Ճ
W	Ձ	F	W	S	R	U	S	Մ	Պ	E	L	J	Ի	Ի	Ռ
O	Y	W	O	Ռ	R	S	Ո	Մ	Ա	Ք	L	N	A	Կ	N
N	D	I	B	G	I	Գ	Ա	H	A	Ռ	O	E	Վ	Ճ	Չ
S	U	N	N	Y	C	O	L	D	U	N	Ա	I	Ա	Ն	Ն
Ղ	O	D	I	R	A	Ք	Պ	Ջ	S	M	Ճ	Խ	Ն	Շ	A
Մ	L	Y	A	G	N	I	N	T	H	G	I	L	Ո	Ո	Ռ
O	C	I	R	T	E	M	O	R	A	B	Խ	D	Խ	Ւ	Ղ
Ֆ	N	M	Ւ	Ֆ	Թ	Ռ	Ր	Թ	F	L	Յ	O	Բ	Մ	Ղ

BAROMETRIC pressure	ՑՈՒՐՏ
CLOUDY	ԽՈՆԱՎ
COLD	ԱՆՁՐԵՎ
FOG	ՇՈԳ
HOT	ՏԱՔ
HUMID	ԾԻԱԾԱՆ
HURRICANE	ՓՈԹՈՐԻԿ
LIGHTNING	ՁՅՈՒՆ
RAIN	ԲԱՐՈՄԵՏՐԻԿ ՃՆՇՈՒՄ
RAINBOW	ԱՄՊԱՄԱԾ
SNOW	ԿԱՅԾԱԿ
SUNNY	ՔԱՄՈՏ
THUNDER	ԱՄՊՐՈՊ
WARM	ՄԱՌԱԽՈՒՂ
WINDY	ԱՐԵՎՈՏ

REVIEW: AFRICAN ANIMALS 80

Review Jumble: The translations in the word list below have been scrambled. Draw lines between the left and right columns to find the correct translations.

F	O	A	Ա	S	U	M	A	T	O	P	O	P	P	I	H
C	H	E	E	T	A	H	G	O	H	T	R	A	W	Ղ	C
H	H	A	G	F	T	N	A	H	P	E	L	E	Շ	Ծ	I
I	E	L	Չ	M	F	N	O	H	N	Ծ	I	Է	Ի	Ւ	R
M	B	L	F	Հ	T	A	Y	O	Ւ	B	O	Ջ	Մ	Ո	T
P	D	I	Ր	E	Ա	E	R	Ո	B	C	N	Ա	Պ	Յ	S
A	R	R	L	Ւ	N	L	Յ	I	Ք	A	Հ	Յ	Ա	Ռ	O
N	A	O	Z	A	Ո	Ռ	L	B	G	Ո	B	L	Ն	Ա	Ա
Z	P	G	R	Վ	Ա	Յ	Ր	Ի	Վ	Ա	Ր	Ա	Զ	Ֆ	Ի
E	O	B	N	Ձ	Փ	A	Ջ	Ա	Ր	A	E	Մ	Ե	Ձ	Ն
E	E	Ն	Ն	Չ	Ի	Ի	Զ	Ղ	Խ	Ո	W	P	Ա	S	Ե
Z	L	Ը	Ն	Ձ	Ո	Ւ	Ղ	S	Ե	Բ	Գ	Ր	D	R	Ր
Գ	Ղ	Ղ	Ա	Ք	Ծ	Յ	Ա	Խ	Զ	Գ	Գ	A	Y	Մ	Ո
Չ	A	S	Հ	S	Խ	Ւ	Ո	L	Գ	Ա	Ն	Ա	Շ	T	Բ
Չ	Ե	Ւ	Ճ	Ր	H	Ք	G	Է	Վ	E	O	Ռ	V	N	Կ
Գ	Ֆ	Կ	Ֆ	R	H	I	N	O	C	E	R	O	S	Ժ	T

ANTELOPE	ՎԱՅՐԻ ՎԱՐԱԶ
BABOON	ՇԻՄՊԱՆԶԵ
CHEETAH	ՓԻՂ
CHIMPANZEE	ՌՆԳԵՂՋՅՈՒՐ
ELEPHANT	ՋԱՅԼԱՄ
GIRAFFE	ԸՆՁՈՒՂՏ
GORILLA	ԲՈՐԵՆԻ
HIPPOPOTAMUS	ԳՈՐԻԼԼԱ
HYENA	ԳԵՏԱՁԻ
LEOPARD	ԱՅԾՔԱՂ
LION	ԸՆՁԱՌՅՈՒԾ
OSTRICH	ԱՌՅՈՒԾ
RHINOCEROS	ՀՈՎԱԶ
WARTHOG	ՇԱՆԱԳԼՈՒԽ
ZEBRA	ՎԱԳՐԱՁԻ

REVIEW: ANIMAL KINGDOM 1

81

Review Time: Draw lines between the English word on the left and the corresponding translation on the right. Refer back to the original puzzle if you need help.

R	A	E	B	R	A	L	O	P	T	N	Չ	N	Հ	Զ
Զ	A	Ո	M	M	Ծ	A	E	D	Պ	X	Ւ	Ի	I	W
Ա	C	R	E	Խ	Հ	N	R	M	O	U	S	E	O	Զ
Վ	Հ	A	A	Փ	G	Հ	N	F	A	G	Ի	L	Բ	O
Ո	E	Դ	T	U	D	Կ	Ղ	Ը	L	C	F	U	Ե	O
Հ	Ծ	Ա	I	I	G	Զ	Ա	Վ	Ե	Գ	Ա	M	Վ	R
Ն	Ճ	N	B	Յ	G	A	Բ	S	Ո	Վ	O	C	Ե	A
Ա	L	L	B	T	Ջ	E	J	Պ	U	Ւ	T	Ւ	Ր	G
Յ	D	H	A	Յ	O	O	R	Ե	S	Ա	Ղ	Ո	Ա	N
Կ	R	B	R	G	Ե	T	Վ	Ց	Զ	L	Պ	S	Յ	A
Ի	H	U	Կ	Ճ	Բ	Ղ	Ճ	M	Վ	Ն	R	Ա	Ի	K
Ր	E	Ւ	Շ	Գ	Ա	Յ	L	Չ	Ղ	Ջ	Ի	Կ	Ն	Ն
Ե	Ո	H	Ո	Յ	I	Ֆ	N	A	E	Թ	Ե	Վ	Ա	S
Մ	Ժ	D	Ւ	Չ	Դ	Ֆ	Z	F	Ջ	Վ	Ա	Գ	Ր	O
Ա	Վ	Ա	Ն	Ա	Կ	T	Ր	Բ	Ղ	Ր	Ւ	Ց	Ջ	Կ

BAT	ԿԱՏՈՒ
CAMEL	ՎԱԳՐ
CAT	ՆԱՊԱՍՏԱԿ
DOG	ԱՄԵՐԻԿՅԱՆ ՀՈՎԱԶ
FOX	ԱՎԱՆԱԿ
JAGUAR	ԲԵՎԵՐԱՅԻՆ ԱՐՋ
KANGAROO	ՈՒՂՏ
MOUSE	ԹԵՎԱՏ
MULE	ՇՈՒՆ
PENGUIN	ԳԱՅԼ
POLAR BEAR	ՄՈՒԿ
RABBIT	ԱՂՎԵՍ
TIGER	ԱԳԵՎԱԶ
WOLF	ՉՂՋԻԿ

REVIEW: ANIMAL KINGDOM 2

82

Review Jumble: The translations in the word list below have been scrambled. Draw lines between the left and right columns to find the correct translations.

U	E	I	Ւ	Ն	Ա	S	Ւ	Ո	Գ	Ն	Ա	Ր	O	S
Ե	Կ	Ո	Կ	Ո	Ր	Դ	Ի	L	Ո	U	N	L	E	Ձ
Վ	Բ	Յ	Ջ	E	Գ	Ւ	Ֆ	Դ	T	Ր	Բ	A	F	Մ
Ա	Ե	I	Ո	Ո	K	N	U	M	P	I	H	C	R	E
Ր	Հ	N	Ր	Ւ	N	A	T	U	G	N	A	R	O	S
Ջ	Ն	S	Ե	Ն	Ռ	Ա	N	Մ	Դ	W	A	O	G	Ժ
Ր	Դ	T	A	R	U	I	Ա	S	A	E	L	C	P	O
Ա	Կ	Ֆ	H	Ն	A	Ց	Թ	M	B	W	E	O	Ե	Բ
Ր	Ա	A	Ւ	B	Ա	C	H	K	O	Զ	R	D	Բ	Ղ
Ջ	U	Ո	M	Ռ	E	Ւ	C	Ե	S	C	R	I	E	Ւ
Ճ	Կ	S	Ա	A	Ը	A	Ա	O	U	K	I	L	A	Ո
U	Յ	Խ	Մ	Թ	L	F	V	P	O	Ո	U	E	L	Կ
M	Ո	Ց	Ա	B	O	L	I	E	Ռ	N	Q	N	N	H
Զ	Ւ	Ֆ	L	R	S	N	O	U	R	H	S	E	K	E
Ն	Ռ	D	H	Ր	E	Ց	Ի	T	N	Ե	U	S	L	L

BEAVER	ԼԱՄԱ
BLACK BEAR	ՋՐԱՐՋ
CHIPMUNK	ՀՆԴԿԱՍԿՅՈՒՌ
CROCODILE	ՕՐԱՆԳՈՒՏԱՆ
FROG	ՍԿՅՈՒՌ
LLAMA	ՍԵՎ ԱՐՋ
ORANGUTAN	ԳՈՐՏ
OWL	ԲՈՒ
PORCUPINE	ՍԿՈՒՆՍ
RACCOON	ՄԱՑԱՌԱԽՈԶ
RAT	ԿՈԿՈՐԴԻԼՈՍ
SKUNK	ՕՁ
SNAKE	ԱՌՆԵՏ
SQUIRREL	ԿՈՒՂԲ

REVIEW: SEA LIFE

83

Review Time: Draw lines between the English word on the left and the corresponding translation on the right. Refer back to the original puzzle if you need help.

Մ	Թ	Ձ	Փ	Շ	Ն	Ա	Ձ	Ո	Ւ	Կ	Դ	E	D	Ջ
Ա	Ծ	Ո	Վ	Ա	Ռ	Յ	Ո	Ւ	Ծ	Ե	T	Ռ	F	Ե
Ր	Ո	O	E	Ր	Ք	O	Խ	Թ	Ծ	Պ	Փ	Կ	N	Ո
Դ	Վ	Չ	E	Փ	G	Ե	Ձ	Ո	Ո	E	Ր	Ւ	Ե	Ն
Ա	Ա	O	Ն	Կ	Չ	Շ	Վ	S	Վ	Ի	Կ	Ո	Փ	S
U	Մ	M	C	Ա	H	Ա	T	Ն	Ա	N	L	Ձ	I	Կ
Պ	Ա	H	Բ	T	Ց	N	Ի	Ո	U	I	T	Ջ	J	Ւ
Ա	Յ	Ա	S	Ո	O	S	U	Ւ	S	H	U	Ն	E	Ո
Ն	Ր	Է	Ւ	I	Ե	P	Ռ	Կ	Ղ	P	R	T	L	Ձ
Կ	W	L	L	Գ	F	K	U	Է	A	L	T	T	L	Ա
Ե	Փ	A	Ց	E	R	E	T	S	B	O	L	Թ	Y	Ն
S	E	Ե	L	A	C	S	Q	U	I	D	E	A	F	Ա
S	Խ	A	H	R	Թ	Դ	L	Բ	Ի	Ն	C	O	I	L
Փ	H	S	A	Կ	U	H	S	I	F	R	A	T	S	Ե
W	H	B	L	A	E	S	Պ	E	O	Ֆ	Ղ	Ռ	H	Մ

TURTLE	ԾՈՎԱՍՏՂ
CRAB	ԾՈՎԱՄԱՅՐ
DOLPHIN	ԾՈՎԱՌՅՈՒԾ
FISH	ԿԵՏ
JELLYFISH	ԴԼԲԻՆ
LOBSTER	ԾՈՎԱՑՈՒԼ
OCTOPUS	ԿՐԻԱ
ORCA	ՇՆԱՁՈՒԿ
SEA LION	ՁՈՒԿ
SEAL	ԽԵՑԳԵՏԻՆ
SHARK	ՄԱՐԴԱՍՊԱՆ ԿԵՏ
SQUID	ՈՒԹՈՏՆՈՒԿ
STARFISH	ՄԵԼԱՆԱՁՈՒԿ
WALRUS	ՓՈԿ
WHALE	ԽԵՉԱԲԱՐ

REVIEW: FAMILY 1

84

Review Jumble: The translations in the word list below have been scrambled. Draw lines between the left and right columns to find the correct translations.

O	O	C	O	H	Փ	Է	Ա	T	G	Ռ	T	Չ	Ն	Ճ
T	R	E	H	T	O	M	D	N	A	R	G	A	Հ	Բ
Ժ	N	Պ	Ա	I	T	Y	I	T	L	Ք	Կ	S	Ո	R
Դ	A	U	N	C	L	E	G	Ք	P	Ք	Ի	Դ	Ր	Ո
Ֆ	Ո	Ֆ	A	I	C	D	Ի	Հ	Ւ	Ո	Մ	Ր	Ա	Զ
S	F	Ւ	M	E	M	Ն	R	Դ	S	Ւ	Ր	Ե	Ք	Ֆ
I	Մ	A	U	O	Ա	R	R	E	C	Յ	Ա	Ն	Ո	H
S	F	A	T	S	W	O	E	S	N	Ր	Զ	Ա	Ւ	D
T	Ք	H	Ն	H	Ր	E	T	H	Ջ	O	L	Խ	Յ	Ր
E	E	Ը	Պ	Յ	E	N	H	F	T	Փ	S	Ե	Ր	Յ
R	J	S	Ա	S	E	R	G	P	Գ	O	Q	Ր	Յ	Ա
S	O	Հ	Պ	R	Զ	S	U	Չ	E	Հ	R	Ե	Ա	Բ
Չ	Ծ	Y	A	T	Ձ	D	A	W	V	N	Ֆ	B	Մ	Ղ
T	T	P	G	R	A	N	D	F	A	T	H	E	R	Ե
Հ	Ո	Ր	Ե	Ղ	Բ	Ա	Յ	Ր	Ե	Ն	Ղ	Ո	Ն	Ծ

AUNT	ԾՆՈՂՆԵՐ
BROTHER	ՀՈՐԱՔՈՒՅՐ
CHILDREN	ՀԱՅՐ
DAUGHTER	ԸՆՏԱՆԻՔ
FAMILY	ԶԱՐՄԻԿ
FATHER	ՀՈՐԵՂԲԱՅՐ
GRANDFATHER	ԶԱՐՄՈՒՀԻ
GRANDMOTHER	ՈՐԴԻ
MOTHER	ՄԱՅՐ
NEPHEW	ՔՈՒՅՐ
NIECE	ԵՂԲԱՅՐ
PARENTS	ԴՈՒՍՏՐ
SISTER	ՏԱՏ
SON	ՊԱՊ
UNCLE	ԵՐԵԽԱՆԵՐ

REVIEW: FAMILY 2

Review Time: Draw lines between the English word on the left and the corresponding translation on the right. Refer back to the original puzzle if you need help.

Զ	R	S	B	R	O	T	H	E	R	I	N	L	A	W
Ռ	E	Ն	Ի	U	Ւ	Ո	Մ	Ա	C	O	U	S	I	N
S	T	R	Ո	M	Ւ	B	Յ	Ա	S	E	H	Կ	W	W
E	H	R	E	Հ	O	D	Գ	D	Ց	Է	E	P	A	Ա
Ռ	G	D	Ր	Y	B	T	N	H	I	Q	Բ	L	L	Ն
Ո	U	Ճ	Յ	Ժ	W	A	H	A	S	Ե	N	Ա	N	Ե
Թ	A	O	Ա	E	R	I	B	E	B	I	L	Ձ	I	Ր
Ո	D	S	Ր	G	I	Մ	F	Y	R	S	G	Բ	R	Ձ
Ռ	D	O	U	Ր	Ա	Հ	Ա	E	Ա	I	U	D	E	Ա
Ն	N	N	Ե	W	Ա	Ղ	T	Ն	R	U	N	H	H	Գ
Ո	A	I	Կ	Ր	Ջ	S	Ի	L	Ո	Կ	Ե	L	T	V
Ւ	R	N	U	Ի	I	Կ	Ի	T	Թ	Ւ	Թ	Փ	A	U
Հ	G	L	Կ	S	C	Ր	Ւ	Ո	U	Ե	Կ	U	F	W
Ի	D	A	U	G	H	T	E	R	I	N	L	A	W	A
Ձ	M	W	Ը	Ի	Հ	Ւ	Ո	Մ	Ր	Ա	Զ	Ա	Ղ	S

BROTHER-IN-LAW	ԱՆԵՐՁԱԳ
BABY	ԿԻՆ
BOY	ԹՈՌ
COUSIN	ՀԱՐՍ
DAUGHTER-IN-LAW	ՓԵՍԱ
FATHER-IN-LAW	ՍԿԵՍՈՒՐ
GIRL	ԱՂՋԻԿ
GRANDDAUGHTER	ԶԱՐՄՈՒՀԻ
GRANDSON	ՍԿԵՍՐԱՅՐ
HUSBAND	ՀԱՐՍ
MOTHER-IN-LAW	ԱՄՈՒՍԻՆ
SISTER-IN-LAW	ՄԱՆՈՒԿ
SON-IN-LAW	ՏՂԱ
WIFE	ԹՈՌՆՈՒՀԻ

REVIEW: VERBS 1

Review Jumble: The translations in the word list below have been scrambled. Draw lines between the left and right columns to find the correct translations.

L	L	Ե	Ս	Ա	Պ	Ս	D	Ձ	Դ	Ձ	Ց	Յ	Ճ	Չ
S	Ե	Ս	Ն	Ե	L	Ե	S	Ի	Ո	Ջ	Է	S	L	Հ
O	Ծ	Ն	Ս	Թ	G	Ե	Դ	Ջ	Վ	Ճ	Ա	Ր	Ե	L
F	Ա	T	Ի	N	F	Ջ	Գ	Ք	Ա	Ր	Շ	S	Ա	L
Վ	S	Ս	I	L	Ձ	Y	Ց	Ր	W	Ձ	Ե	Դ	Ե	Ե
Յ	Մ	S	Ե	A	O	A	E	I	Ե	Վ	Ր	Ն	E	S
Պ	O	Ն	Փ	Ա	W	P	B	Ի	Ե	Ա	Ց	T	Բ	Ս
T	Ք	Ճ	Ո	Ի	W	O	O	L	Կ	Ր	Շ	O	D	Ա
O	Ճ	Ե	Խ	K	P	T	T	Ք	Ա	Y	Է	A	L	Ր
C	L	Ս	Ե	L	N	E	Ղ	Հ	Փ	R	E	S	Պ	S
H	Ճ	R	L	H	Հ	I	E	Ծ	T	R	R	K	E	Ա
A	Փ	I	Ն	T	Ճ	Ր	H	L	O	A	Ա	Ճ	E	Պ
N	T	F	R	A	E	H	O	T	S	C	E	Պ	S	S
G	Ժ	S	A	Դ	Ձ	T	O	C	O	O	K	O	O	Կ
E	T	W	W	O	L	L	O	F	O	T	T	H	T	O

TO ASK	ԼԻՆԵԼ
TO BE	ԿԱՐԴԱԼ
TO CARRY	ՔՆԵԼ
TO CHANGE	ՎՃԱՐԵԼ
TO COOK	ՍՊԱՍԵԼ
TO EAT	ԵՐԳԵԼ
TO FOLLOW	ՈՒՏԵԼ
TO HEAR	ՀԱՐՑՆԵԼ
TO PAY	ՄՏԱԾԵԼ
TO READ	ՊԱՏՐԱՍՏԵԼ
TO SEE	ՓՈԽԵԼ
TO SING	ՏԵՍՆԵԼ
TO SLEEP	ԼՍԵԼ
TO THINK	ՔԱՐՇ ՏԱԼ
TO WAIT	ՀԵՏԵՎԵԼ

REVIEW: VERBS 2

Review Time: Draw lines between the English word on the left and the corresponding translation on the right. Refer back to the original puzzle if you need help.

L	T	Փ	Ն	S	Ր	Ե	L	Վ	O	Գ	Ն	Ե	L	Ն
L	Ե	Դ	Ր	Ո	Հ	Ր	Ա	Պ	Ա	Ն	Ա	Ճ	Ե	Կ
Ա	T	Մ	Վ	Ք	Ւ	Ճ	O	L	R	Ը	Շ	Ժ	Ն	D
Ն	Ա	O	Խ	A	Ա	E	L	Ե	U	Ո	Խ	Ծ	S	N
Ա	T	Ն	W	Ռ	S	Ո	Ւ	Ն	Ե	Ն	Ա	L	Գ	A
Կ	O	Ձ	Ե	O	E	K	A	T	O	T	S	Ե	Գ	T
U	L	L	L	L	R	K	Վ	O	U	E	Ե	Ն	Փ	S
Ա	O	C	O	Ց	N	K	A	S	Կ	Ի	L	Ց	Ա	R
Հ	O	Ժ	Չ	I	N	Ֆ	Դ	E	E	Փ	Ր	Ր	Կ	E
T	K	L	R	Ը	Ո	U	T	L	P	V	Չ	Ե	Ե	D
L	F	D	N	I	F	O	T	L	Հ	S	A	Վ	L	N
Ը	O	Ց	R	H	L	O	E	E	Փ	Ւ	O	H	Բ	U
T	R	N	W	O	D	H	Հ	Կ	Ճ	I	Ց	T	O	O
Ռ	S	Ծ	V	O	O	Ն	N	P	E	M	O	C	O	T
L	E	E	Է	T	I	L	E	V	A	R	T	O	T	Խ

TO CLOSE	ԽՄԵԼ
TO COME	ԳԱԼ
TO DO	ԱՇԽԱՏԵԼ
TO DRINK	ՍԻՐԵԼ
TO FIND	ՓԱԿԵԼ
TO HAVE	ԱՆԵԼ
TO HELP	ՕԳՆԵԼ
TO LOOK FOR	ՈՒՆԵՆԱԼ
TO LOVE	ՃԱՆԱՊԱՐՀՈՐԴԵԼ
TO SELL	ԽՈՍԵԼ
TO SPEAK	ՎԱՃԱՌԵԼ
TO TAKE	ԳՏՆԵԼ
TO TRAVEL	ՓՆՏՐԵԼ
TO UNDERSTAND	ՎԵՐՑՆԵԼ
TO WORK	ՀԱՍԿԱՆԱԼ

REVIEW: VERBS 3

Review Jumble: The translations in the word list below have been scrambled. Draw lines between the left and right columns to find the correct translations.

Ք	Ծ	Պ	E	N	E	Ը	S	I	L	G	Ը	L	Ծ	B
L	Ա	Ն	Ա	Կ	Ն	Ա	Ց	Ա	Դ	Ա	Յ	Ա	E	U
Ի	Ե	Յ	Ժ	Թ	Պ	M	Ղ	B	Ժ	I	L	Ն	Ժ	T
Վ	A	Ր	L	Ա	Ն	Ա	Մ	Ի	Ճ	T	Բ	Գ	Ռ	Պ
Ի	Ա	H	Ո	Ե	Խ	Գ	Ր	Ի	Ջ	Ա	Ր	Բ	H	Ա
Ճ	W	Չ	Y	Վ	L	F	Ն	Ե	Ց	Ե	O	O	Ք	Ր
Ա	T	O	Ե	Թ	Ո	Ղ	Ն	Ե	L	D	Խ	T	Յ	S
Կ	O	G	N	L	E	U	L	Ք	L	E	O	N	T	Ք
Ի	O	O	E	K	W	E	O	Մ	V	R	U	O	N	L
L	P	T	T	E	O	Ը	C	A	U	Ե	P	E	A	Ի
Ի	E	V	I	G	O	T	E	N	E	L	T	E	W	Ն
Ն	N	S	R	T	T	L	K	L	A	W	O	T	O	Ե
Ե	Ա	Վ	W	T	O	B	U	Y	Բ	D	H	A	T	L
L	O	X	O	T	E	L	B	A	E	B	O	T	U	S
R	Ց	Հ	T	U	Ջ	N	R	A	E	L	O	T	L	Ի

TO BE ABLE TO	ԳՐԵԼ
TO BUY	ՔԱՅԼԵԼ
TO DANCE	ԻՎԻՃԱԿԻ ԼԻՆԵԼ
TO GIVE	ՊԱՐՏՔ ԼԻՆԵԼ
TO GO	ԲԱՑԵԼ
TO KNOW	ՎԱԶԵԼ
TO LEARN	ԽԱՂԱԼ
TO LEAVE	ԳՆԱԼ
TO OPEN	ԻՄԱՆԱԼ
TO OWE	ՊԱՐԵԼ
TO PLAY	ՑԱՆԿԱՆԱԼ
TO RUN	ԹՈՂՆԵԼ
TO WALK	ՏԱԼ
TO WANT	ԳՆԵԼ
TO WRITE	ՍՈՎՈՐԵԼ

REVIEW: FOOD 1 — 89

Review Time: Draw lines between the English word on the left and the corresponding translation on the right. Refer back to the original puzzle if you need help.

C	C	H	O	C	O	L	A	T	E	Ձ	N	Ջ	T	Ք
S	Պ	E	Թ	E	Ե	E	A	Ձ	Ղ	S	Ո	I	C	Ֆ
L	E	Ա	Ջ	A	I	Ի	L	E	O	Ւ	I	H	Ո	Հ
Շ	M	D	U	Գ	Ջ	Ձ	Վ	Ե	Ր	H	E	U	Ը	Շ
L	Ը	E	A	S	S	Ճ	U	L	T	E	Ի	Ձ	Ղ	Մ
E	Ւ	E	A	L	Ա	E	I	E	S	Մ	Ր	Ն	Ց	Կ
V	E	G	E	T	A	B	L	E	S	Ա	Ի	Ի	Ա	Ա
E	F	C	P	M	R	S	I	Ն	Ք	Հ	Ն	Ր	Հ	Թ
F	I	Ո	Ն	Ե	Ղ	Ե	Ր	Ա	Ջ	Ն	Ա	Բ	Գ	Ջ
R	R	A	G	U	S	F	Շ	Ձ	S	Գ	Պ	S	A	Ե
O	Դ	U	X	O	R	L	Ր	Ղ	G	Ժ	Ղ	T	Ա	Է
H	K	L	I	M	E	O	Ձ	Ա	G	H	S	Մ	Ե	Կ
Է	Ղ	R	E	T	T	U	B	R	E	A	D	C	Կ	N
X	R	A	Խ	Չ	A	R	S	Ց	P	Ա	Ե	Ւ	Հ	S
Ղ	U	S	M	Ռ	W	Ջ	Դ	Ա	L	Ո	Կ	Ո	Շ	Է

BREAD	ՇԱՔԱՐ
BUTTER	ՀԱՑ
CHEESE	ՁՎԵՐ
CHOCOLATE	ԿԱԹ
EGGS	ՇՈԿՈԼԱԴ
FLOUR	ԱՂՁԱՆ
FRUIT	ՄԻՐԳ
MEAT	ՊԱՆԻՐ
MILK	ԲՐԻՆՁ
PASTA	ՋՈՒՐ
RICE	ՄԻՍ
SALAD	ՀԱՏԱԿ
SUGAR	ՊԱՍՏԱ
VEGETABLES	ԿԱՐԱԳ
WATER	ԲԱՆՋԱՐԵՂԵՆ

REVIEW: FOOD 2

90

Review Jumble: The translations in the word list below have been scrambled. Draw lines between the left and right columns to find the correct translations.

Ր	Դ	A	Ւ	D	Զ	L	O	Բ	F	E	Ճ	Գ	Յ	H
R	T	Ֆ	A	Ո	Բ	I	Ը	Ջ	O	Ֆ	Փ	Ո	Ղ	N
O	Y	Թ	Խ	Վ	Ա	Ծ	Ք	Ն	Ե	Ր	Ւ	Ո	Պ	Ա
E	Յ	S	C	T	W	F	Ւ	Y	U	Ղ	T	L	A	S
Զ	K	Ժ	R	D	H	Ո	E	Ի	W	Ն	A	Բ	U	Խ
E	D	A	Բ	S	Ծ	N	Մ	E	W	M	F	T	Ծ	O
R	Չ	Կ	C	Ա	O	Ի	K	Թ	B	P	C	R	N	Թ
Ձ	Ո	Ա	Մ	H	Ր	U	E	R	Պ	E	O	U	N	Փ
G	Չ	Դ	Ի	Ա	I	Ր	P	Ա	O	P	O	G	Գ	G
Ց	I	Ն	Վ	U	S	C	Ղ	Դ	B	P	K	O	Ր	Զ
Է	Ի	Ա	T	Մ	S	Պ	K	Z	Վ	E	I	Y	Ց	J
Գ	S	Կ	Ծ	Ե	Ա	I	C	E	C	R	E	A	M	Մ
Ա	Դ	Ր	Հ	Ղ	Ե	Պ	Ղ	Պ	N	M	S	R	H	Դ
Ռ	Խ	Ա	Ա	Ր	Չ	Ւ	Չ	Չ	L	I	O	D	Ֆ	Ֆ
F	Վ	Կ	Ր	Ւ	Ո	Ջ	Ե	Ր	Ա	Գ	W	N	Չ	Ճ

BEEF	ՊՂՊԵՂ
BEER	ՅՈՒՂ
CAKE	ՏԱՎԱՐԻ ՄԻՍ
CHICKEN	ԿԱՐԿԱՆԴԱԿ
COOKIES	ՀԱՎ
HONEY	ԽՈԶ
ICE CREAM	ԳԱՐԵՋՈՒՐ
LAMB	ԳԱՌ
OIL	ԹԽՎԱԾՔՆԵՐ
PEPPER	ԱՂ
PORK	ՊԱՂՊԱՂԱԿ
SALT	ԱՊՈՒՐ
SOUP	ԳԻՆԻ
WINE	ՄԱԾՈՒՆ
YOGURT	ՄԵՂՐ

REVIEW: FRUIT 1

91

Review Time: Draw lines between the English word on the left and the corresponding translation on the right. Refer back to the original puzzle if you need help.

Ս	Մ	Բ	Ո	Ւ	Կ	Ւ	Ո	Ր	Ե	Մ	Ձ	Ն	Ա	Տ
Ղ	Գ	Թ	Ռ	Ւ	Ո	Ն	Ա	Ր	Ի	Ծ	W	Շ	P	Ա
S	M	Ճ	P	O	M	E	G	R	A	N	A	T	E	Ր
Յ	E	U	Թ	E	Յ	R	Մ	P	Դ	S	T	Խ	A	Ք
Ա	L	I	L	Ո	A	E	R	N	E	Է	E	Ա	R	Ա
Պ	G	L	R	P	Ւ	I	G	I	O	G	R	Ղ	Ե	Ց
Ա	C	R	E	R	C	Ր	R	N	G	L	M	Ո	L	Ա
L	Կ	S	A	O	E	R	Ի	P	A	Ի	E	Ղ	Ա	Խ
Ա	S	Վ	T	P	E	B	L	Ն	Վ	R	L	M	Կ	Ն
Ս	H	T	Ղ	B	E	A	W	Ձ	Ջ	Է	O	Կ	V	Ձ
Ե	Չ	C	E	N	N	F	Ղ	A	V	Ն	N	Ի	Ր	Ո
Խ	S	U	A	T	O	Ե	R	Ձ	R	O	Ի	S	Ո	Ր
Ց	L	L	Փ	E	Դ	M	Յ	Ս	Չ	T	Ֆ	Ր	L	Ի
B	Ե	E	L	P	P	A	E	N	I	P	S	Ո	Ա	L
Ց	O	Ժ	Փ	P	Չ	Ժ	A	L	Ւ	T	Խ	Ն	Ս	Ն

APRICOT	ՆՈՒՌ
BLUEBERRIES	ՆԱՐԻՆՋ
EGGPLANT	ԵԼԱԿ
GRAPEFRUIT	ՍԱԼՈՐ
GRAPES	ՏԱՆՁ
LEMON	ԽԱՂՈՂ
MELON	ՍԵԽ
ORANGE	ԹՈՒՐԻՆՋ
PEACH	ԾԻՐԱՆ
PEAR	ԱՐՔԱՅԱԽՆՁՈՐ
PINEAPPLE	ԴԵՂՁ
PLUM	ՍՄԲՈՒԿ
POMEGRANATE	ՅԱՊԱԼԱՍ
STRAWBERRIES	ՁՄԵՐՈՒԿ
WATERMELON	ԿԻՏՐՈՆ

REVIEW: FRUIT 2

Review Jumble: The translations in the word list below have been scrambled. Draw lines between the left and right columns to find the correct translations.

R	S	E	I	R	R	E	H	C	Ա	Ր	Ճ	Կ	Ս	Դ	Խ
I	A	U	L	Ֆ	E	S	Ի	Թ	Մ	Ւ	Ո	Դ	Դ	S	Ր
N	B	S	E	P	M	P	Ր	Ր	Դ	Խ	Մ	Ո	E	T	Ե
I	A	Ց	P	I	P	Ո	P	Ե	Ո	Ղ	Ւ	I	Ս	Ղ	Թ
H	N	Ց	Ց	B	Ձ	A	Ղ	E	Ե	Մ	R	T	Ե	I	Ո
C	A	Z	Ն	Ն	E	Ի	Ե	Պ	P	R	Ա	Պ	Խ	G	Ւ
C	N	Ճ	Խ	Պ	Ն	R	Ղ	Պ	E	W	Ղ	Վ	R	Փ	Զ
U	A	Փ	Ւ	Պ	B	Պ	R	B	Ե	Պ	O	E	Ն	Ւ	Մ
Z	G	N	Ղ	N	Չ	Ր	K	I	Ր	O	E	L	Ո	Զ	Յ
M	Ո	Պ	T	Ա	N	C	F	Ի	E	N	Յ	Թ	L	G	Ա
L	Ե	Բ	Ն	A	A	I	Մ	M	P	S	Ա	R	I	E	L
Ղ	Ո	Ա	Վ	L	L	Ր	K	E	T	Մ	Q	F	M	Ր	Y
E	Կ	L	B	W	Ա	O	P	P	Ա	Է	Ց	U	E	Ղ	Ի
Դ	Դ	Մ	Ի	Կ	Ռ	P	U	Դ	M	T	O	M	A	T	O
A	I	Ք	R	Կ	E	Y	Ա	P	Ժ	U	A	Ց	Չ	S	Դ
D	Փ	T	N	R	R	E	D	P	E	P	P	E	R	N	H

APPLE	ԴԴՄԻԿ
BANANA	ԴԴՈՒՄ
BLACKBERRIES	ԿԱՐՄԻՐ ՊՂՊԵՂ
CANTALOUPE	ԱԴԱՄԱԹՈՒԶ
CHERRIES	ԴԴՈՒՄ
FIG	ԽՆՁՈՐ
GREEN PEPPER	ՍԵԽ
LIME	ԼԱՅՄ
PUMPKIN	ԴԵՂԻՆ ՊՂՊԵՂ
RASPBERRIES	ԲԱԼ
RED PEPPER	ՄՈՇ
SQUASH	ԿԱՆԱՉ ՊՂՊԵՂ
TOMATO	ԼՈԼԻԿ
YELLOW PEPPER	ԱԶՆՎԱՄՈՐԻ
ZUCCHINI	ԹՈՒԶ

REVIEW: VEGETABLES 1

93

Review Time: Draw lines between the English word on the left and the corresponding translation on the right. Refer back to the original puzzle if you need help.

Հ	P	Խ	O	N	I	O	N	Խ	Կ	Ա	Ղ	Ա	Մ	Բ	Ի
H	Y	S	Y	R	E	L	E	C	Ո	N	Հ	H	Մ	Մ	U
D	Փ	P	O	T	A	T	O	E	S	U	Ռ	Ա	R	Ա	Խ
Ն	E	Ց	H	Դ	Կ	T	Ա	C	Պ	O	Ղ	E	Զ	Ղ	S
B	E	E	T	S	T	Ա	A	Ա	C	Ա	W	E	Ի	Ա	Ո
M	K	U	E	Ղ	Է	R	Ն	A	Կ	O	H	Ֆ	L	Կ	Ր
T	O	S	C	Խ	R	Ա	B	Ա	L	Ռ	R	Ի	Ո	B	G
Ծ	H	Ե	U	O	Խ	B	Կ	F	Չ	Ջ	Ֆ	B	Կ	A	R
T	C	Պ	T	R	A	Ղ	I	Ճ	Ւ	Ո	Մ	Դ	Ո	S	E
I	I	Ղ	T	G	Ա	L	Ա	H	S	S	L	Ժ	Ր	P	E
Ւ	T	Ի	E	Ծ	U	Կ	Կ	Ր	C	N	K	Ո	Բ	A	N
Ճ	R	Ն	L	A	Ն	Ճ	Ա	I	S	A	Չ	C	Ռ	R	P
S	A	M	C	Դ	S	Կ	L	Շ	L	Ի	N	E	Յ	A	E
Կ	Ե	Բ	Ե	Ն	Ծ	R	Զ	E	Ո	Գ	Շ	I	E	G	A
Ւ	Y	Ղ	Մ	I	A	E	Ղ	E	Ծ	Ը	Է	Ո	P	U	S
Ա	V	N	Ժ	G	Ռ	T	Ն	Ե	Խ	Ո	Ւ	Ր	Կ	S	P

ARTICHOKE	ՀԱԶԱՐ
ASPARAGUS	ԿԱՂԱՄԲ
BEETS	ԾՆԵԲԵԿ
BROCCOLI	ԿԱՆԱՉ ՈԼՈՌ
CABBAGE	ԿԱՂԱՄԲ
CARROT	ՆԵԽՈՒՐ
CAULIFLOWER	ՍՊԱՆԱԽ
CELERY	ԾԱՂԿԱԿԱՂԱՄԲ
GARLIC	ԱՐՏԻՇՈԿ
GREEN PEAS	ԲՐՈԿՈԼԻ
KALE	ԿԱՐՏՈՖԻԼ
LETTUCE	ՍՏԵՊՂԻՆ
ONION	ՍՈԽ
POTATOES	ՍԽՏՈՐ
SPINACH	ՃԱԿՆԴԵՂ

REVIEW: HOUSE

94

Review Jumble: The translations in the word list below have been scrambled. Draw lines between the left and right columns to find the correct translations.

Կ	Ա	Յ	Ն	Ե	Ս	Ա	Գ	Ո	Լ	Թ	S	W	Է	D	Ց
Ա	Ա	H	Ե	Կ	Ծ	Զ	Ն	G	I	Հ	E	I	Դ	I	R
Յ	N	Յ	Ո	K	I	T	C	H	E	N	S	N	Ե	N	E
Ն	Ց	Խ	Ն	O	E	C	N	E	F	R	U	D	Ջ	I	Ո
Ե	Ա	Ո	Լ	Ե	Ֆ	Ս	B	E	D	R	O	O	M	N	Չ
Ս	Ն	Հ	Յ	M	Ս	Ն	Ճ	B	M	T	H	W	Կ	G	Ջ
Ա	Կ	Ա	Ւ	Բ	Ւ	Ա	Ա	Ձ	A	E	Գ	A	L	R	M
Ր	Ա	Ն	Լ	Ո	Ն	Վ	Շ	Գ	Դ	T	S	P	L	O	Չ
Ւ	Պ	Ո	Տ	Ա	Տ	Ա	Ր	Ա	Տ	Դ	H	A	O	O	Գ
Ո	Ա	Ց	Պ	Ո	Կ	Ա	Կ	Յ	Ճ	G	W	R	B	M	I
Յ	Տ	Ա	Տ	J	Մ	Ա	Պ	Ա	A	N	G	T	O	E	Հ
Հ	Ր	Ն	N	Ա	F	Ժ	Ճ	R	Ր	N	U	M	Ղ	O	D
Հ	Ա	H	Զ	I	G	O	A	Հ	I	Ա	T	E	Ւ	Բ	M
Կ	Ք	Ի	Ն	Ա	Տ	G	O	V	Ա	O	Ն	N	Ո	O	Խ
R	Ս	Y	A	W	E	V	I	R	D	Մ	A	T	Կ	N	Ա
A	Ի	Ս	Դ	G	E	L	Ն	Ն	Ջ	Ա	Ր	Ա	Ն	Չ	Ձ

APARTMENT	ՊԱՏՈՒՀԱՆ
BASEMENT	ԽՈՀԱՆՈՑ
BATHROOM	ԱՎՏՈՏՆԱԿ
BED	ՑԱՆԿԱՊԱՏ
BEDROOM	ՍԻԶԱՄԱՐԳ
DINING ROOM	ԼՈԳԱՍԵՆՅԱԿ
DRIVEWAY	ՃԱՆԱՊԱՐՀ
FENCE	ՆԿՈՒՂ
GARAGE	ԲՆԱԿԱՐԱՆ
HOUSE	ՀՅՈՒՐԱՍԵՆՅԱԿ
KITCHEN	ՄԱՀՃԱԿԱԼ
LAWN	ՏԱՆԻՔ
LIVING ROOM	ՃԱՇԱՍԵՆՅԱԿ
ROOF	ՏՈՒՆ
WINDOW	ՆՆՋԱՐԱՆ

REVIEW: AROUND THE HOUSE 1

95

Review Time: Draw lines between the English word on the left and the corresponding translation on the right. Refer back to the original puzzle if you need help.

Պ	Գ	Ի	H	L	W	S	T	A	I	R	S	H	C	L	W
Վ	Ա	Ր	Ա	Գ	Ո	Ւ	Յ	Ր	Ա	W	Ա	H	S	A	T
K	Չ	Ա	Ո	Ն	Դ	Ւ	T	Հ	I	Դ	A	C	S	M	C
Յ	Ո	Խ	Ն	Գ	Ե	E	U	M	Ր	N	S	H	Չ	P	U
Փ	Ր	Ւ	Կ	Ա	C	Ք	M	Ա	D	H	I	Ի	Ճ	Ն	R
A	Ա	Ո	C	U	Ր	I	Ե	E	Մ	N	E	Փ	Ը	Ա	T
F	Ն	Բ	A	Փ	N	Ա	L	Մ	G	Փ	Ո	Ե	Ն	Զ	A
I	Ո	F	R	G	I	I	Հ	M	Ի	Շ	Ո	Ա	U	Ա	I
R	Ց	R	P	Պ	E	Ա	A	Ա	Ե	Ք	Ր	Փ	Ճ	Վ	N
E	T	O	E	R	Ջ	C	Փ	Կ	Պ	Ա	Ց	Ո	Ե	Ա	V
P	O	U	T	Y	H	Զ	Ո	Ւ	Գ	Ա	Ր	Ա	Ն	Ղ	A
L	I	A	Ե	I	R	Ւ	W	Ո	G	Ա	S	R	Վ	Ո	C
A	L	A	N	Ղ	L	D	L	U	Կ	S	Վ	U	N	L	U
C	E	E	Ղ	Խ	Ա	Ս	Տ	Ի	Ճ	Ա	Ն	Ն	Ե	Ր	U
E	T	A	B	L	E	Ն	D	R	E	S	S	E	R	Գ	M
Q	Ֆ	I	A	T	B	U	T	H	T	A	B	A	N	S	Զ

BATHTUB	ԱՍՏԻՃԱՆՆԵՐ
CARPET	ՎԱՐԱԳՈՒՅՐ
CHANDELIER	ԲՈՒԽԱՐԻ
CURTAIN	ԶԳԵՍՏԱՊԱՀԱՐԱՆ
DRESSER	ԼՈՂԱՎԱԶԱՆ
DRYER	ԶՈՒԳԱՐԱՆ
FAUCET	ԾՈՐԱԿ
FIREPLACE	ԼՎԱՑՔԻ ՄԵՔԵՆԱ
LAMP	ՉՈՐԱՆՈՑ
SWIMMING POOL	ՍԵՂԱՆ
STAIRS	ՋԱՀ
TABLE	ԼՈՒՍԱՄՓՈՓ
TOILET	ԳՈՐԳ
VACUUM	ԼՈԳԱՐԱՆ
WASHING MACHINE	ՓՈՇԵԿՈՒԼ

REVIEW: AROUND THE HOUSE 2

96

Review Jumble: The translations in the word list below have been scrambled. Draw lines between the left and right columns to find the correct translations.

Կ	Ն	Ա	Ր	Ա	Ց	Ա	Վ	L	Վ	Ց	Փ	Ս	I	I	E
Ն	Ա	Մ	Ց	Ա	Վ	L	Ի	Ր	Ե	Ն	Ե	Ս	Փ	Ա	Ց
Ա	Ղ	Ն	Ռ	Ո	K	N	I	S	Ն	Ց	Ո	Ռ	Ե	Ջ	Փ
Ր	Ե	Ե	Ք	Ո	Ր	Յ	A	Ա	Ք	Ո	Y	A	N	O	A
Ա	Ս	M	Ժ	Ր	O	Ո	Ր	F	Ա	Ւ	E	D	L	R	N
Հ	Ա	Ժ	A	E	Ե	Ա	Ր	Ճ	G	Ղ	N	Ւ	H	E	M
Ա	Ր	A	O	T	Ն	Ն	Խ	O	E	N	M	Ո	V	F	I
Պ	Գ	E	Դ	Ռ	T	Ն	Մ	Ք	K	I	I	O	W	R	R
Ա	Ա	E	Ա	Ք	Ե	R	Ց	S	D	T	H	L	Չ	I	R
S	Ի	Ս	Փ	L	Բ	Ն	E	Գ	E	S	C	H	I	G	O
Ս	L	Ռ	Ո	Թ	Ա	D	I	S	H	W	A	S	H	E	R
Ե	Ե	Ւ	Խ	Ջ	Ր	Ր	O	O	S	L	Ֆ	Ի	S	R	C
Գ	Ց	Ս	Ի	Է	Ձ	L	W	A	L	O	M	A	Ց	A	O
Զ	Ա	Մ	Չ	Ր	C	E	W	W	O	L	L	I	P	T	H
Ֆ	Հ	H	B	I	R	C	A	Ե	T	Վ	Ն	Բ	L	O	Մ
Ս	T	Ո	Ժ	Հ	Ր	Y	Ժ	Ո	Ւ	C	H	A	I	R	Ջ

CHAIR	ՋԵՌՈՑ
CEILING FAN	ՕՐՈՐՈՑ
CHIMNEY	ՆԵՐՔՆԱԿ
CLOSET	ԲԱՐՁ
CRIB	ԶԳԵՍՏԱՊԱՀԱՐԱՆ
DESK	ԾԽՆԵԼՈՒՅԶ
DISHWASHER	ԱԹՈՌ
HALLWAY	ԱՓՍԵՆԵՐԻ ԼՎԱՑՄԱՆ մեքենա
MATTRESS	ՀԱՅԵԼԻ
MIRROR	ՕԴԱՓՈԽԻՉ
OVEN	ՑՆՑՈՒՂ
PILLOW	ՍԱՌՆԱՐԱՆ
REFRIGERATOR	ԳՐԱՍԵՂԱՆ
SHOWER	ԼՎԱՑԱՐԱՆ
SINK	ՄԻՋԱՆՑՔ

REVIEW: AT THE TABLE

97

Review Time: Draw lines between the English word on the left and the corresponding translation on the right. Refer back to the original puzzle if you need help.

Ա	E	Ֆ	T	Ճ	Ն	U	Ց	F	Մ	Ջ	H	Ո	Ճ	U
O	Ք	Բ	Ա	Ժ	Ա	Կ	Կ	Ս	Դ	Ց	Ծ	I	Ց	R
Գ	Թ	Ա	L	Փ	Մ	Ճ	Ա	Ո	Փ	Ծ	Ճ	Ա	O	Թ
Ի	H	Ր	Ո	B	Ա	Ա	Ն	Ձ	Ե	Ռ	Ո	Ց	Ի	Կ
Ն	T	Ր	O	O	Կ	Շ	Ա	Է	I	Չ	Ո	S	S	M
Ո	O	W	Ե	L	Ղ	Ի	Դ	K	Ր	I	H	Ց	S	U
Ւ	L	Թ	Ա	Վ	Ա	Գ	R	H	B	C	Ը	T	A	G
Բ	C	Ճ	R	Ձ	Ծ	Թ	Ժ	P	L	A	T	E	L	K
Ա	E	Ո	E	E	Ֆ	Ա	Գ	L	N	S	W	A	G	R
Ժ	L	Ձ	S	F	H	L	A	Ի	A	Q	S	S	E	O
Ա	B	E	O	U	I	C	L	L	Ց	S	H	P	N	F
Կ	A	Ց	Ց	Ա	Ը	N	T	Ժ	Ժ	Ե	P	O	I	Դ
C	T	Ւ	Փ	N	A	P	K	I	N	E	Թ	O	W	E
N	Ա	U	T	A	B	L	E	S	P	O	O	N	O	Ջ
Ղ	Ե	Պ	Ղ	Պ	Ա	S	Ա	Ռ	Ա	Ք	Ա	Ղ	E	N

BOWL	ԱՓՍԵ
FORK	ՃԱՇԻ ԳԹԱԼ
GLASS	ԳԻՆՈՒ ԲԱԺԱԿ
KNIFE	ՍՓՌՈՑ
MUG	ՊԱՏԱՌԱՔԱՂ
NAPKIN	ԱՂ
PEPPER	ՍԱՓՈՐ
PITCHER	ԹԵՅԻ ԳԹԱԼ
PLATE	ԲԱԺԱԿ
SALT	ԾԱՂԿԱՄԱՆ
SPOON	ՊՂՊԵՂ
TABLECLOTH	ԱՆՁԵՌՈՑԻԿ
TABLESPOON	ԴԱՆԱԿ
TEASPOON	ԳԱՎԱԹ
WINE GLASS	ԳԹԱԼ

98 REVIEW: TOOLS

Review Jumble: The translations in the word list below have been scrambled. Draw lines between the left and right columns to find the correct translations.

Ծ	R	E	V	I	R	D	W	E	R	C	S	Ց	Ձ	Չ
P	Ղ	W	R	E	N	C	H	S	Ա	Մ	Ո	S	Վ	Ա
L	E	Յ	Պ	U	I	A	R	V	Ծ	Ղ	Մ	S	H	Փ
I	Ը	N	R	Պ	S	Պ	I	Ո	U	N	R	Պ	Ջ	Մ
E	A	U	C	E	S	A	S	L	Մ	E	S	L	Ա	Ա
R	Կ	T	Ա	I	D	Ո	E	Ո	M	Ո	E	S	Ն	Ն
S	A	Ա	Ւ	Չ	L	D	Ւ	M	Ւ	V	Ի	S	Ն	Ժ
S	A	W	Ղ	L	Թ	Ր	A	S	E	S	Ղ	Փ	Կ	Ա
B	Փ	E	I	O	Ճ	H	Ա	L	Ա	P	Ա	Դ	Ի	Պ
O	Ի	R	T	Գ	Դ	Կ	Կ	S	Ց	Կ	A	Կ	L	Ա
L	D	C	Y	U	Ա	Ն	Դ	Ո	Ւ	Ղ	Ք	T	Ա	Վ
T	Յ	S	Փ	Մ	H	Մ	Պ	Փ	Ա	Ք	Ց	Ա	Ն	Ե
O	Բ	Ը	Ե	Պ	Տ	Ո	Ւ	Տ	Ա	Կ	Ա	Հ	Ա	Ն
Հ	Ա	Ր	Թ	Ա	Չ	Ա	Փ	Փ	Ն	E	Կ	Է	Բ	Ը
Կ	R	Ն	T	Հ	N	R	E	H	S	A	W	Ո	U	Ճ

BOLT	ՍԱՆԴՈՒՂՔ
DRILL	ՊՏՈՒՏԱԿԱՀԱՆ
HAMMER	ԱՔՑԱՆ
LADDER	ՊՏՈՒՏԱԿ
LEVEL	ՊՏՈՒՏԱԿ
NAIL	ՊՏՈՒՏԱԿԱՄԵՐ
NUT	ՄՈՒՐՃ
PENCIL	ՄԱՏԻՏ
PLIERS	ԲԱՆԱԼԻ
SAW	ՊՆԴՕՂԱԿ
SCREW	ՀԱՐԹԱՉԱՓ
SCREWDRIVER	ԱՎՏՈՄԱՏ պտուտակահան
TAPE MEASURE	ՍՂՈՑ
WASHER	ՉԱՓՄԱՆ ԺԱՊԱՎԵՆ
WRENCH	ԳԱՄ

REVIEW: CLOTHES 1

99

Review Time: Draw lines between the English word on the left and the corresponding translation on the right. Refer back to the original puzzle if you need help.

Ղ	Ա	S	E	O	H	S	C	A	R	F	E	T	Գ	Ծ
R	Բ	D	W	H	I	H	Ղ	O	Կ	P	Ա	L	Թ	Պ
Շ	Ր	K	R	E	Չ	O	C	O	A	T	Խ	Ք	Պ	T
N	Ժ	Ե	Փ	E	A	R	G	N	N	Ա	E	N	T	R
P	Փ	N	S	Ը	S	T	T	L	Ր	B	U	S	A	Ռ
Ն	A	Ո	E	Ի	Ֆ	S	E	Կ	O	Վ	E	Y	H	Ձ
Ն	Ժ	J	Ղ	C	Վ	H	Ի	R	Չ	V	E	Ճ	Ե	Ժ
Ջ	Ո	Բ	A	Կ	K	U	H	Կ	Ա	Բ	E	Ռ	Վ	Ի
Ա	Ւ	B	Ր	M	Ա	T	Ա	S	Ւ	T	Ն	S	Ե	L
Չ	S	G	Ց	S	A	Պ	I	U	L	Ո	Ֆ	Գ	Ր	Ե
Գ	Ա	R	Ա	B	Է	S	A	E	Ց	O	Ը	Ո	Ա	S
Ե	Բ	Բ	Մ	M	Ն	Ց	B	Ն	E	Ի	Է	O	Ր	U
U	Ա	F	Գ	S	U	Ր	Ե	Ն	Կ	Ի	Շ	Ո	Կ	Ե
S	S	Գ	Ո	S	Ի	Ր	Ե	Ն	Ա	Պ	L	Ւ	Ո	Գ
Ց	Ղ	Ձ	Ց	E	Ֆ	Ա	Ղ	S	K	C	O	S	Ւ	Չ

BATHROBE	ԳՈՏԻ
BELT	ԳԼԽԱՐԿ
COAT	ՆՆՋԱԶԳԵՍՏ
DRESS	ԿՈՇԻԿՆԵՐ
GLOVES	ԶԳԵՍՏ
HAT	ԳՈՒԼՊԱՆԵՐ
NECKTIE	ՁԵՌՆՈՑՆԵՐ
PAJAMAS	ՎԵՐԱՐԿՈՒ
PANTS	ՑԱՄԳՈՑ
SCARF	ԿԻՍԱՏԱԲԱՏ
SHOES	ՎԶԿԱՊ
SHORTS	ՍՎԻՏԵՐ
SOCKS	ԺԻԼԵՏ
SWEATER	ՏԱԲԱՏ
VEST	ՓՈՂԿԱՊ

REVIEW: CLOTHES 2

100

Review Jumble: The translations in the word list below have been scrambled. Draw lines between the left and right columns to find the correct translations.

Կ	Ո	U	S	Յ	Ո	Ւ	Մ	A	E	H	Ձ	H	V	S	Խ	Ա
Ր	S	S	Չ	Թ	B	R	A	N	C	C	O	Ե	U	S	Պ	C
Ծ	T	Ճ	U	Ն	Ի	Ջ	A	T	Թ	E	A	Ե	Փ	Ա	B	T
Կ	Ը	Ձ	W	Ե	E	Թ	A	E	Ր	B	Գ	L	Ր	Հ	R	S
Ա	Ն	Ր	Ե	E	Գ	W	Ե	Ե	W	Զ	O	Ա	K	I	A	L
L	Ի	Ե	Հ	Ռ	T	Զ	Փ	Ր	Ա	R	Ն	W	H	C	C	A
S	T	U	Ր	S	Ք	Ա	Ա	Ջ	Ն	Չ	E	S	T	L	E	D
S	Շ	R	I	Ք	Թ	Ի	Ր	Ղ	Ա	Ի	Վ	D	O	I	L	N
W	R	R	I	Ա	Ն	Շ	Ժ	Կ	Ո	Ե	Կ	T	N	S	E	A
I	W	E	Ղ	K	Ա	Ա	Ա	Ա	Ր	L	H	E	D	U	T	S
M	Զ	Ո	D	U	S	Մ	Զ	Ն	Մ	I	I	L	Հ	Կ	I	T
S	Հ	H	Ի	N	Թ	L	Ա	Գ	N	Ա	Հ	Յ	Ա	Յ	U	O
U	N	Կ	A	Ե	E	Շ	Ժ	G	Ե	E	Ց	Յ	Գ	Ւ	S	O
I	L	E	Վ	Չ	Ա	P	Ա	E	Թ	U	Ն	Ո	Ո	Ո	Փ	B
T	J	Ն	Հ	Պ	U	E	S	Ծ	Կ	Ա	S	Վ	Ւ	Մ	Հ	S
Խ	Ո	S	Ի	K	D	Դ	T	U	Մ	L	Ը	U	U	Յ	Հ	Է
Ց	Ք	Կ	Ա	Խ	Ա	Կ	Ա	Պ	S	L	E	Չ	S	O	Ց	Շ

WRIST WATCH	ՀՈՂԱԹԱՓԵՐ
BOOTS	ԿՈՍՏՅՈՒՄ
BOW TIE	ՎԵՐՆԱՇԱՊԻԿ
BRA	ԿՐԾԿԱԼ
BRACELET	ՁԵՌՔԻ ԺԱՄԱՑՈՒՅՑ
CLOTHING	ՀԱԳՈՒՍՏ
JEANS	ՄՈՒՅԿ
NECKLACE	ՄԱՆՅԱԿ
SANDALS	ԿԻՍԱՇՐՋԱԶԳԵՍՏ
SHIRT	ԹԻԹԵՐՆԻԿ
SKIRT	ՆԵՐՔՆԱԶԳԵՍՏ
SUIT	ԼՈՂԱԶԳԵՍՏ
SUSPENDERS	ԿԱԽԱԿԱՊ
SWIM SUIT	ՋԻՆՍ
UNDERWEAR	ԱՊԱՐԱՆՉԱ ԿԱՄ ԹԵՎՆՈՑ

REVIEW: GETTING READY

Review Time: Draw lines between the English word on the left and the corresponding translation on the right. Refer back to the original puzzle if you need help.

S	Ն	Ի	Ա	S	Կ	Ա	S	Ն	Ո	Կ	Խ	E	Ք	L	P	Մ
E	Ա	Ա	H	S	A	W	H	T	U	O	M	O	Ի	Ց	Ա	I
Ա	S	Ա	Մ	Ի	Խ	Ո	Զ	Ա	Ն	Ա	Կ	Ն	L	Զ	U	Չ
S	Ա	S	V	Ր	Ի	Ն	Ւ	Ո	Պ	Մ	Ա	Շ	Ե	Ա	Ի	I
Ա	Մ	Ծ	E	L	Ա	Հ	I	Ա	M	Մ	L	Ր	Ն	Ր	L	E
Մ	Ի	H	Ե	S	Ռ	Դ	Հ	D	Ց	A	Ի	Ր	Ա	O	I	T
Ի	Մ	Ծ	S	Գ	N	Ո	Ր	Ա	E	Կ	K	Դ	Ծ	Զ	P	S
Թ	Ա	Կ	E	U	S	E	Վ	Ա	Ո	O	Ր	E	O	O	S	A
Ե	Ծ	Ր	H	Ի	R	L	L	Ն	Հ	Ա	D	Ճ	U	O	T	P
L	Ո	Ե	Չ	Գ	Ի	B	Դ	T	Հ	Ա	Ա	O	L	P	I	H
L	Ւ	Ն	D	Ն	Ի	Ի	H	Ա	C	Ռ	Մ	F	R	M	C	T
T	Կ	Թ	Ա	R	Ց	Զ	U	T	Խ	A	L	Ի	I	A	K	O
Կ	Ե	Ր	S	Ի	A	Ր	Ծ	T	O	A	T	N	Դ	H	N	O
I	Ե	Շ	Ո	O	Ա	Z	Ժ	Ր	T	O	Գ	N	C	S	Դ	T
Բ	U	Ն	A	Վ	A	C	O	N	D	I	T	I	O	N	E	R
T	Ե	A	Մ	Ժ	P	P	E	R	F	U	M	E	M	C	Է	B
Ր	T	R	E	Y	R	D	R	I	A	H	Ի	Դ	B	U	Վ	Ց

COMB	ՕԾԱՆԵԼԻՔ
CONDITIONER	ՕՃԱՌ
CONTACT LENSES	ՍԱՆՐ
DENTAL FLOSS	ԱՏԱՄԻ ՄԱԾՈՒԿ
DEODORANT	ՇԱՄՊՈՒՆ
HAIR DRYER	ԱՏԱՄԻ ԽՈԶԱՆԱԿ
LIPSTICK	ԿՈՆՏԱԿՏԱԻՆ լինզաներ
MAKEUP	ՄԱԶԵՐԻ ԿՈՆԴԻՑԻՈՆԵՐ
MOUTHWASH	ԱՊԱՀՈՏԻՉ
PERFUME	ԲԵՐԱՆԻ ԼՎԱՑՄԱՆ միջոց
RAZOR	ՇՐԹՆԵՐԿ
SHAMPOO	ԱԾԵԼԻ
SOAP	ԴԻՄԱՀԱՐԴԱՐՄԱՆ պարաքաներ
TOOTHBRUSH	ԱՏԱՄԻ ԹԵԼ
TOOTHPASTE	ՎԱՐՍԱՀԱՐԴԱՐԻՉ

REVIEW: PLACES 1

102

Review Jumble: The translations in the word list below have been scrambled. Draw lines between the left and right columns to find the correct translations.

Ս	Ց	Ն	Խ	Թ	T	Հ	Գ	Ր	Ա	Ս	Ե	Ն	Յ	Ա	Կ	B
Ո	Ո	A	Ն	Ն	Ւ	Ճ	Ի	L	Հ	Ա	Դ	Ա	Զ	Ր	Ա	Մ
Ր	Ր	Ն	S	Ա	Խ	Ո	Ր	Տ	Կ	Ա	Ր	Ա	Ն	Ֆ	Ց	Խ
Ա	Պ	M	Ի	S	Յ	G	Ն	E	B	R	I	D	G	E	Ն	O
Փ	Դ	E	U	Յ	U	Ա	Հ	Ա	M	U	E	S	U	M	Ե	Դ
N	H	S	C	I	Ա	P	Կ	B	Խ	P	Խ	F	L	N	U	Ա
O	O	U	E	I	D	Ղ	E	Ջ	A	Ա	A	T	O	Հ	Ա	Ն
I	S	O	C	I	F	A	Ւ	R	Ե	R	Ր	I	Ա	Մ	Ր	Ա
T	P	H	I	Թ	Խ	F	T	Ո	M	Շ	T	Ն	Ե	Ա	Գ	Վ
A	I	T	F	U	Ա	M	O	S	Թ	A	Ր	O	Ա	I	Ն	Ա
T	T	H	F	T	E	Ն	A	Զ	T	Ա	R	Հ	U	Հ	Ի	Կ
S	A	G	O	N	W	I	Գ	S	Խ	L	Կ	K	H	Է	Յ	Ա
E	L	I	T	Ը	R	Չ	N	Ա	O	L	Ծ	Ր	E	Հ	Ա	Ց
R	Խ	L	S	P	Ք	I	Ն	O	Ր	T	Թ	Ց	Ե	T	S	Ա
I	Հ	Վ	O	T	A	Ո	H	Ա	Գ	Ա	Ր	Ա	Կ	Կ	U	Ն
F	Ձ	R	P	R	Ւ	C	Հ	Ի	Վ	Ա	Ն	Դ	Ա	Ն	Ո	Ց
L	T	Թ	T	Թ	S	Ն	Ջ	Ր	Ւ	Ո	Մ	Ա	Կ	Ո	Փ	L

AIRPORT	ՓՈՍՏԱՅԻՆ ԳՐԱՍԵՆՅԱԿ
BAR	ԵՐԿԱԹՈՒՂԱՅԻՆ կայարան
BRIDGE	ՄԱՐԶԱԴԱՀԼԻՃ
DEPARTMENT store	ՀԱՆՐԱԽԱՆՈՒԹ
FARM	ԿԱՄՈՒՐՋ
FIRE STATION	ԳՐԱՍԵՆՅԱԿ
HOSPITAL	ԴՊՐՈՑ
LIGHTHOUSE	ԽՈՐՏԿԱՐԱՆ
MUSEUM	ԱԳԱՐԱԿ
OFFICE	ՀՐՇԵՋ ԿԱՅԱՆ
POST OFFICE	ՕԴԱՆԱՎԱԿԱՅԱՆ
SCHOOL	ՓԱՐՈՍ
STADIUM	ՀԻՎԱՆԴԱՆՈՑ
SUPERMARKET	ԹԱՆԳԱՐԱՆ
TRAIN STATION	ՀԱՆՐԱԽԱՆՈՒԹ

REVIEW: PLACES 2

103

Review Time: Draw lines between the English word on the left and the corresponding translation on the right. Refer back to the original puzzle if you need help.

Պ	E	S	U	Է	Հ	T	Թ	B	Ք	Վ	Ն	D	W	Պ	Հ	Ց
O	Շ	R	Ն	Ա	Յ	Թ	Ւ	Ո	Ն	Ա	Կ	Ի	S	U	Ո	Ր
O	E	N	Ձ	Ն	Հ	Յ	Ո	Ւ	Ր	Ա	Ն	Ո	Ց	Ն	Ց	L
Խ	Ա	Ն	Ո	Ւ	Թ	Թ	Ն	Ա	O	U	Ր	Ճ	Ա	Ր	Ա	Ն
Ւ	Ր	Դ	Ի	Ո	Ա	Ա	U	Ն	Գ	V	F	Մ	Z	E	Գ	P
Ա	Ե	N	Բ	S	Ր	L	Ւ	Ր	E	N	Զ	K	R	P	O	O
Մ	Պ	J	Ր	Ա	Ա	Ո	Ա	R	E	Ե	Ռ	E	N	H	Ն	L
Ր	O	Ո	Շ	Մ	S	Դ	G	Գ	Ր	R	S	R	S	A	S	I
Ո	Ն	Ա	Ա	Ա	Ա	T	T	Ե	H	T	O	E	U	R	B	C
Ց	Ճ	Հ	Ղ	Ր	Յ	T	Գ	C	A	O	E	T	Ի	M	D	E
Կ	D	Ե	Ա	Դ	Գ	E	P	U	E	F	T	A	S	A	L	S
Ա	Դ	Ն	E	O	Ի	A	R	Ն	F	M	Ւ	E	Խ	C	I	T
Մ	Ղ	O	P	E	R	A	H	O	U	S	E	H	L	Y	B	A
Բ	Շ	Ռ	Ր	K	N	Է	C	Ք	C	A	S	T	L	E	R	T
Ե	L	Դ	Y	T	I	S	R	E	V	I	N	U	E	Յ	A	I
Ր	L	Դ	Ի	Խ	T	A	O	W	H	A	R	B	O	R	R	O
Դ	D	S	Ն	Ա	Վ	Ա	Հ	Ա	Ն	Գ	Ի	U	S	Ւ	Y	N

BANK	ԴԵՂԱՏՈՒՆ
CASTLE	ՆԱՎԱՀԱՆԳԻՍՏ
CEMETERY	ՀԱՄԱԼՍԱՐԱՆ
COFFEE SHOP	ԴՐԱՄԱՏՈՒՆ
HARBOR	ԱՄՐՈՑ ԿԱՄ ԲԵՐԴ
HOTEL	ՕՊԵՐԱ
LIBRARY	ՃԱՇԱՐԱՆ
OPERA HOUSE	ԳԵՐԵԶՄԱՆՈՑ
PARK	ՈՍՏԻԿԱՆՈՒԹՅԱՆ բաժին
PHARMACY	ԹԱՏՐՈՆ
POLICE STATION	ՀՅՈՒՐԱՆՈՑ
RESTAURANT	ԳՐԱԴԱՐԱՆ
STORE	ԽԱՆՈՒԹ
THEATER	ՍՐՃԱՐԱՆ
UNIVERSITY	ԱՅԳԻ

REVIEW: ON THE ROAD

104

Review Jumble: The translations in the word list below have been scrambled. Draw lines between the left and right columns to find the correct translations.

Ր	Ա	Տ	Ա	Ն	Ռ	Ե	Բ	Հ	Ր	Ա	Պ	Ա	Ն	Ա	Ճ	Կ
Փ	Ն	Ա	Ր	Ա	Յ	Ա	Կ	Ի	Ս	Ւ	Ո	Բ	Ո	Տ	Վ	Ա
N	Ս	Ւ	Ո	Բ	Ո	Տ	Վ	Ա	P	Ե	A	S	I	E	Վ	Ն
G	O	E	Ո	E	N	I	L	O	S	A	G	T	Ր	Տ	Կ	Գ
I	N	I	T	Յ	Ա	C	T	Ի	Ս	Ղ	R	H	Ո	Փ	Ա	Ն
S	E	Ց	T	E	Թ	S	I	T	Փ	A	L	Մ	Փ	Ջ	Յ	Ե
P	W	L	Ժ	A	S	Ւ	O	F	F	U	Ե	O	Ա	Մ	Ա	L
O	A	F	C	U	T	M	Ո	F	F	Ք	O	L	U	Ո	Ն	Ո
T	Y	R	B	Y	O	S	I	Կ	Ե	A	Ց	G	Ւ	S	Ա	Ւ
S	S	F	K	B	C	C	S	Ն	Ե	Ա	R	Ժ	Ո	Ո	Տ	Ն
T	T	U	I	I	L	R	Ա	A	Կ	Վ	Բ	T	L	Ց	Ե	Շ
Ղ	R	L	B	I	N	Ծ	O	Ա	G	Թ	Ե	Կ	Ե	Ի	Ղ	Ա
Պ	E	U	G	Փ	Ռ	G	Յ	T	R	Ա	Ն	Թ	I	Կ	Ի	Ն
Ռ	E	H	C	A	T	Ա	L	O	O	Ր	Ջ	A	Ր	L	Ն	I
T	T	Ն	S	K	Ն	Փ	A	O	Ը	M	Ի	Ա	Ք	Ե	Ն	L
E	H	A	C	C	I	D	E	N	T	R	Ն	Ճ	T	S	T	C
G	Մ	Ի	Ա	Կ	Ո	Ղ	Մ	Ա	Ն	Ի	Փ	Ո	Ղ	Ո	Ց	Հ

AUTOMOBILE	ԲԵՆԶԻՆ
ACCIDENT	ԱՎՏՈՄԵՔԵՆԱ
BUS	ԳԱԶԱԼՑԱԿԱՅԱՆ
BUS STOP	ԵՐԹԵՎԵԿՈՒԹՅՈՒՆ
GAS STATION	ԼՈՒՍԱՓՈՐ
GASOLINE	ԱՎՏՈԲՈՒՍ
MOTORCYCLE	ՃԱՆԱՊԱՐՀ
ONE-WAY STREET	ԲԵՌՆԱՏԱՐ
PARKING LOT	ԿԱՅԱՆԱՏԵՂԻ
ROAD	ՄԻԱԿՈՂՄԱՆԻ ՓՈՂՈՑ
STOP SIGN	ՎԹԱՐ
TRAFFIC LIGHT	ԱՎՏՈԲՈՒՍԻ ԿԱՅԱՐԱՆ
TRAFFIC	ԿԱՆԳՆԵԼՈՒ ՆՇԱՆ
TRUCK	ՄՈՏՈՑԻԿԼԵՏ

REVIEW: GETTING AROUND

Review Time: Draw lines between the English word on the left and the corresponding translation on the right. Refer back to the original puzzle if you need help.

Ա	Հ	Ր	Ա	Ս	Ա	Յ	Լ	Ւ	Ն	Յ	Հ	N	A	Խ	Y	C
Գ	Ն	Ս	Ո	Ւ	Զ	Ա	Ն	Ա	Վ	Ր	I	Է	B	O	A	T
Ն	Վ	Ե	Ս	Չ	Ս	R	Վ	Ս	Շ	A	Ջ	Ղ	Ւ	N	W	Ի
Ա	Ւ	Վ	Ք	S	Վ	Ա	E	Ե	R	Մ	Ս	T	O	Դ	B	Ն
Յ	Ք	Ո	Ա	Ե	Կ	Բ	Ջ	T	F	K	F	E	Պ	B	U	Ք
Ք	Զ	Ն	Յ	Ն	Մ	Ի	E	I	P	A	N	Ր	W	I	S	Ն
A	Ա	G	Թ	Թ	Մ	Ն	R	N	R	O	Ո	A	Է	C	U	Ա
Վ	M	M	Հ	Ե	Ւ	E	Ա	C	I	Յ	C	L	T	Y	B	Թ
Է	U	B	Ք	P	T	Ո	R	Կ	Ի	R	Զ	I	R	C	L	Ի
Թ	Ր	Ե	U	R	O	E	Ն	Ա	Ա	Գ	A	R	L	L	O	Ռ
L	Ն	B	U	L	V	L	Վ	Գ	Ւ	Ն	E	M	Ք	E	O	Ի
Ա	E	C	U	O	A	S	I	Ի	O	F	Ա	R	B	Խ	H	Թ
V	K	Փ	H	E	Ո	N	Է	C	Ն	Պ	Y	Կ	Ր	U	C	Ա
S	Ղ	I	Թ	Բ	Դ	Ա	C	R	E	Ա	Ա	E	Ի	I	S	Ղ
Ի	Ղ	Ւ	Ո	Ն	S	Ե	Գ	E	W	C	Ծ	S	U	S	W	Ղ
Յ	Պ	Ւ	C	E	N	A	L	P	R	I	A	Ե	Շ	Ը	U	Ւ
E	Ս	Ա	Վ	Ա	Ր	Ն	Ա	Վ	Կ	O	Թ	R	Հ	Ֆ	Թ	Ո

AIRPLANE	ՈՍՏԻԿԱՆԱԿԱՆ ՄԵՔԵՆԱ
AMBULANCE	ՀԵԾԱՆԻՎ
BICYCLE	ՀՐԱՍԱՅԼ
BOAT	ԳԵՏՆՈՒՂԻ
CANOE	ԴՊՐՈՑԻ ԱՎՏՈԲՈՒՍ
FERRY	ՈՒՂՂԱԹԻՌ
FIRE TRUCK	ԻՆՔՆԱԹԻՌ
HELICOPTER	ԼԱՍՏԱՆԱՎ
HOVERCRAFT	ՀՐՇԵՋԻ ՄԵՔԵՆԱ
POLICE CAR	ՍՈՒԶԱՆԱՎ
SCHOOL BUS	ՍԱՎԱՐՆԱՎ
SUBMARINE	ՆԱՎ
SUBWAY	ԳՆԱՑՔ
TANK	ՆԱՎԱԿ
TRAIN	ՇՏԱՊ ՕԳՆՈՒԹՅՈՒՆ

REVIEW: LANGUAGES 1

106

Review Jumble: The translations in the word list below have been scrambled. Draw lines between the left and right columns to find the correct translations.

Չ	Ր	H	Ո	O	Մ	Ա	Ն	S	Ա	Ր	Ի	Ն	S	Ե	A	Ը
S	P	D	E	Կ	F	A	F	Ն	U	Ե	U	Է	Բ	Ն	Վ	S
G	Ջ	O	Բ	B	Ո	Ծ	Ե	L	Ե	L	Պ	Ր	Ն	Ե	Ի	Դ
E	R	Մ	L	Հ	R	Ր	Գ	Ե	Ր	Մ	Ա	Ն	Ե	Ր	Ե	Ն
R	Յ	E	Ը	I	Ե	E	Ե	Բ	Ն	Յ	Ն	Ե	Ր	Ե	S	Ե
M	U	U	E	L	S	N	W	Ե	Ե	Ե	Ե	Ր	Ե	Ն	Ն	Ր
A	Ե	S	Ա	K	K	H	Ր	Ր	Ր	V	Ր	Ա	Բ	Ո	Ա	Ե
N	M	S	S	O	S	Ե	Ե	Ե	I	Ե	Ե	Ն	Ա	Պ	Մ	L
H	Ի	A	R	I	L	Ն	U	E	L	Y	Ն	Ւ	Ր	Ա	Ե	Ա
Պ	F	E	N	Գ	A	Ն	T	J	A	Ե	Վ	Ո	Ա	Ճ	Ր	Գ
Ծ	A	A	Ն	D	Ա	N	A	Դ	G	Ւ	Հ	Հ	E	Ռ	Ե	Ւ
N	P	Ա	O	Ր	A	P	A	Ռ	Ո	Ւ	U	Ե	Ր	Ե	Ն	Ո
S	A	T	Ֆ	M	A	R	Ց	R	Ւ	Ի	Ա	G	Ր	Չ	S	S
S	F	R	E	N	C	H	I	T	A	L	I	A	N	Ե	T	Ր
L	R	S	E	Չ	C	G	A	N	H	B	Կ	A	F	E	Ն	Ո
D	E	S	E	U	G	U	T	R	O	P	I	L	G	Բ	Չ	Պ
Ի	E	N	G	L	I	S	H	Ո	P	Ձ	S	C	I	S	L	Պ

ARABIC	ԿՈՐԵԵՐԵՆ
ENGLISH	ՄԱՆՏԱՐԻՆ
FRENCH	ԳԵՐՄԱՆԵՐԵՆ
GERMAN	ԻՍՊԱՆԵՐԵՆ
GREEK	ԵԲՐԱՅԵՐԵՆ
ITALIAN	ՊՈՐՏՈՒԳԱԼԵՐԵՆ
JAPANESE	ՀՈՒՆԱՐԵՆ
KOREAN	ՌՈՒՍԵՐԵՆ
MANDARIN	ԻՏԱԼԵՐԵՆ
POLISH	ԱՐԱԲԵՐԵՆ
PORTUGUESE	ԱՆԳԼԵՐԵՆ
RUSSIAN	ՃԱՊՈՆԵՐԵՆ
SPANISH	ԼԵՀԵՐԵՆ
HEBREW	ՖՐԱՆՍԵՐԵՆ
VIETNAMESE	ՎԻԵՏՆԱՄԵՐԵՆ

REVIEW: PROFESSIONS 107

Review Time: Draw lines between the English word on the left and the corresponding translation on the right. Refer back to the original puzzle if you need help.

Բ	Ժ	Ի	Շ	Կ	Է	R	Ի	Գ	Թ	Ո	V	Ր	Ց	N	R	R
Ծ	Գ	Յ	E	Ե	B	L	Ր	Է	Ծ	E	Ա	O	Հ	Ց	E	Ռ
E	Ր	U	Ւ	P	O	A	Ե	A	Ն	Ր	O	Ո	J	T	C	Հ
L	Ծ	Ո	I	Ո	U	S	Ի	Կ	Ա	Ն	Գ	Շ	H	S	I	Ր
E	Ն	L	Գ	I	Բ	Ը	Ջ	Հ	Դ	Ե	E	G	Ե	Ե	F	Յ
C	O	Ա	H	Ա	F	Ա	Ո	Ե	Բ	Ր	I	Գ	Գ	Պ	F	Ւ
T	D	K	Բ	E	Ձ	Խ	Ն	Ա	Շ	F	Ա	E	Յ	Ա	O	Ո
R	T	Ղ	H	Ա	N	Ղ	Ն	Մ	E	Ր	S	Գ	Դ	Ր	E	Ք
I	Պ	C	T	R	Վ	G	Ա	R	Ա	R	Հ	D	Ե	Ա	C	Ժ
C	Ֆ	D	E	O	S	Ա	I	S	U	S	Պ	E	Ր	S	I	Ւ
I	R	Մ	A	T	Փ	F	Ր	N	Ա	S	Ա	N	Ա	Ր	L	Ո
A	E	Ճ	C	C	I	Ա	F	Ի	E	Ջ	V	T	U	Ա	O	Բ
N	Y	Ձ	H	O	Ճ	H	Ը	R	Ծ	E	Պ	I	Ա	Ճ	P	E
U	W	Դ	E	D	Գ	W	C	D	T	L	R	S	Ն	Հ	Յ	Ձ
A	A	T	R	O	T	C	A	R	P	E	N	T	E	R	Չ	Ղ
Հ	L	O	Ո	T	S	I	R	T	A	I	H	C	Y	S	P	Ժ
J	D	O	Դ	Ա	Չ	Ո	Ւ	U	Ո	Ւ	Ց	Ի	Չ	Ճ	Գ	A

ACTOR	ՃԱՐՏԱՐԱԳԵՏ
ARCHITECT	ՀՐՇԵՋ
CARPENTER	ԲՈՒԺՔՈՒՅՐ
CHEF	ԱՏԱՄՆԱԲՈՒՅԺ
DENTIST	ԲԺԻՇԿ
DOCTOR	ՃԱՐՏԱՐԱՊԵՏ
ELECTRICIAN	ՈՍՏԻԿԱՆ
ENGINEER	ՕԴԱՉՈՒ
FIRE FIGHTER	ԽՈՀԱՐԱՐ
LAWYER	ԷԼԵԿԴՐԱԳԵՏ
NURSE	ԴԵՐԱՍԱՆ
PILOT	ԱՏԱՂՁԱԳՈՐԾ
POLICE OFFICER	ՀՈԳԵԲԱՆ
PSYCHIATRIST	ՈՒՍՈՒՑԻՉ
TEACHER	ԻՐԱՎԱԲԱՆ

108 REVIEW: PROFESSIONS 2

Review Jumble: The translations in the word list below have been scrambled. Draw lines between the left and right columns to find the correct translations.

Չ	Ր	U	T	S	I	T	R	A	Յ	Է	I	Ծ	Ի	H	Ե	Յ
Ի	Հ	Ւ	Ո	Ր	Ա	Պ	K	Կ	Ի	Ձ	Ր	Ա	Մ	Ր	N	R
Ծ	Ր	Ո	Գ	Ա	Ն	Ե	Գ	Ե	Մ	Ո	O	Ի	Ա	S	E	M
Ր	Ջ	A	T	H	L	E	T	E	Գ	A	Դ	Ժ	Ե	B	U	U
Ո	Ր	Հ	L	I	Ն	Ա	Կ	Ա	Ն	S	Ի	Գ	R	S	R	W
Գ	Մ	Ա	Ա	Վ	Ղ	Ո	U	O	E	Շ	Ա	A	I	Չ	E	X
Ն	Ո	Շ	Դ	Ա	Ո	Մ	N	Ք	S	S	B	C	S	P	H	S
Ա	Ւ	Վ	Ը	Ր	S	E	Ծ	A	U	P	I	C	R	Չ	C	C
Կ	Ղ	Ա	Ֆ	U	Ա	T	M	Ե	I	A	L	O	Զ	I	T	I
Ա	Ա	Պ	F	Ա	Խ	Հ	Վ	E	N	C	F	U	E	Ո	U	D
Ք	Գ	Ա	L	Վ	Շ	Ր	Ա	Ը	C	E	I	N	M	Բ	B	E
Ա	Ո	Հ	O	Ի	Ա	Չ	L	Կ	S	H	T	T	O	B	Ձ	M
Ղ	Ր	G	R	Ր	Ժ	Ը	Կ	S	Ղ	I	A	A	I	N	E	A
Ա	Ծ	Գ	I	Շ	Ւ	Փ	O	Ա	S	Ա	V	N	I	L	Ղ	R
Ք	O	S	S	Ջ	Ո	R	L	T	A	Յ	Ծ	T	I	L	O	A
Պ	Յ	M	T	I	Բ	D	A	N	C	E	R	A	Ռ	C	O	P
Կ	Ա	Զ	Ր	Ե	Դ	Ր	Ո	U	Ե	Ֆ	Ո	Ր	Պ	Ճ	Կ	R

ACCOUNTANT	ՋՐՄՈՒՂԱԳՈՐԾ
ARTIST	ԱՐՎԵՍՏԱԳԵՏ
ATHLETE	ՊԱՐՈՒՀԻ
BARBER	ՄԱՐԶԻԿ
BUTCHER	ԴԵՐՁԱԿ
DANCER	ՄՍԱԳՈՐԾ
FLORIST	ԾԱՂԿԱՀԱՐԴԱՐ
MECHANIC	ԲՈՒԺ ԱՇԽԱՏՈՂ
MUSICIAN	ՀԱՇՎԱՊԱՀ
PARAMEDIC	ՎԱՐՍԱՎԻՐ
PLUMBER	ԵՐԱԺԻՇՏ
POLITICIAN	ՔԱՂԱՔԱԿԱՆ ԳՈՐԾԻՉ
PROFESSOR	ԳԻՏՆԱԿԱՆ
SCIENTIST	ՄԵԳԵՆԱԳՈՐԾ
TAILOR	ՊՐՈՖԵՍՈՐ

REVIEW: PROFESSIONS 3 109

Review Time: Draw lines between the English word on the left and the corresponding translation on the right. Refer back to the original puzzle if you need help.

Ա	Ն	Ե	Մ	Ր	Ա	Բ	G	Պ	Ժ	W	D	E	Ջ	Դ	Պ	Ա
L	Գ	I	Ծ	O	Ր	A	Ծ	Ա	Յ	Գ	Ե	Գ	Ո	Ր	Ծ	Ա
Ւ	Դ	Ա	Ղ	Չ	R	Չ	Զ	Ր	Ւ	U	Ր	Ո	Ն	Կ	Ձ	Վ
Վ	Ո	Ի	Ր	D	Ի	Ի	Ի	Փ	Ո	U	S	Ա	S	Ա	Ր	S
Խ	Չ	Ր	E	Ա	Ն	Ր	Ո	Ն	Բ	Գ	Դ	Ղ	Ղ	R	Ա	Ո
N	D	N	Շ	Վ	Կ	H	Ե	F	Ա	Ա	Ա	Ո	L	Ք	Ե	Բ
T	E	J	Ո	U	H	Ա	I	Կ	Ն	Մ	Ր	Ղ	U	I	R	Ո
R	A	Ր	O	I	H	S	Պ	B	U	Գ	Գ	Ո	Ե	E	E	Ւ
O	R	X	Ձ	U	H	Յ	U	Ա	Ա	Ո	Ւ	Ր	I	Դ	D	U
T	E	E	I	E	R	S	A	Ր	Ն	Վ	Y	R	Ա	R	N	Ի
A	M	Ը	R	D	D	N	L	E	Ա	S	R	R	E	Թ	E	Վ
L	R	M	Վ	R	R	A	A	Ր	Ձ	A	O	E	Զ	L	T	Ա
S	A	Z	I	Ք	Ե	I	Ո	L	C	Զ	E	L	R	T	R	Ր
N	F	V	U	R	Զ	Ր	V	L	I	Դ	I	E	D	Յ	A	Ո
A	E	O	A	A	Դ	I	I	E	Մ	S	D	W	O	I	B	Ր
R	G	N	A	I	R	A	N	I	R	E	T	E	V	U	E	Դ
T	S	I	C	A	M	R	A	H	P	U	C	J	Խ	Ֆ	Ը	R

BARTENDER
BUS DRIVER
FARMER
FISHERMAN
GARDENER
JEWELER
JOURNALIST
MAIL CARRIER
PHARMACIST
SOLDIER
TAXI DRIVER
TRANSLATOR
VETERINARIAN

ԴԵՂԱԳՈՐԾ
ԱՎՏՈԲՈՒՍԻ ՎԱՐՈՐԴ
ԼՐԱԳՐՈՂ
ԱՅԳԵԳՈՐԾ
ՁԿՆՈՐՍ
ԱԳԱՐԱԿԱՊԱՆ
ԲԱՐՄԵՆ
ԹԱՐԳՄԱՆԻՉ
ՈՍԿԵՐԻՉ
ՓՈՍՏԱՏԱՐ
ԱՆԱՍՆԱԲՈՒՅԺ
ԶԻՆՎՈՐ
ՏԱՔՍՈՒ ՎԱՐՈՐԴ

REVIEW: SOLAR SYSTEM

110

Review Jumble: The translations in the word list below have been scrambled. Draw lines between the left and right columns to find the correct translations.

I	Ո	Ձ	M	T	V	E	V	Գ	T	Ր	C	Ր	Վ	Գ	H
Պ	D	I	O	R	E	T	S	A	C	O	M	E	T	Ր	Գ
S	L	F	O	Ձ	N	Ւ	R	R	H	Ե	Ո	Ւ	Ր	Ա	Ն
Ր	U	Ո	N	Շ	U	Բ	A	L	Ա	L	E	Հ	E	Կ	Ն
H	Ո	N	Ւ	E	S	T	M	Ո	Ո	Յ	Ն	Ր	W	Ա	Ա
Ծ	Ձ	U	A	S	E	Ւ	E	Ւ	Ղ	Գ	N	Ա	U	Մ	Ր
Հ	Ղ	R	Ֆ	R	Ո	N	U	U	Ո	D	Ժ	S	W	Ա	Ա
Ջ	T	S	C	Շ	U	Ն	S	Ի	Ն	Ծ	Ե	E	Ր	Հ	Ն
H	I	E	U	T	Թ	A	Ն	Ն	Ն	Ր	Ա	Ո	Ր	Ն	Ռ
O	M	H	P	Ա	T	Ր	N	L	Ո	Ւ	Ւ	L	Ո	Ի	Ա
Չ	T	E	Գ	U	U	Մ	Ի	Ի	Թ	U	Ո	Ձ	Յ	Յ	Խ
Խ	N	U	R	Ք	S	Ի	Դ	Կ	Յ	Ֆ	Փ	S	M	Ա	Ռ
Ե	Պ	N	L	C	T	F	Գ	Ա	Ր	H	Ճ	Բ	Պ	Վ	Փ
R	E	T	I	P	U	J	Կ	Ա	Գ	Ե	Ր	Ա	U	Ե	Ղ
A	Վ	S	O	L	A	R	S	Y	S	T	E	M	Ծ	Ր	Ն
S	Ծ	Փ	Բ	E	Է	Յ	Y	Դ	Փ	Ե	Ր	Ե	Վ	Ա	Կ

SOLAR SYSTEM	ՆԵՊՏՈՒՆ
MERCURY	ԼՈՒՍԻՆ
VENUS	ԽԱՌՆԱՐԱՆ
EARTH	ԱՐԵԳԱԿ
MOON	ԱՐԵՎԱՅԻՆ ՀԱՄԱԿԱՐԳ
MARS	ՈՒՐԱՆ
JUPITER	ԱՍՏԵՐՈԻԴ
SATURN	ԳԻՍԱՍՏՂ
URANUS	ՓԱՅԼԱԾՈՒ
NEPTUNE	ԵՐԿԻՐ
PLUTO	ՀՐԱՏ
SUN	ԵՐԵՎԱԿ
CRATER	ԱՐՈՒՍՅԱԿ
ASTEROID	ԼՈՒՍՆԹԱԳ
COMET	ՊԼՈՒՏՈՆ

REVIEW: MUSICAL INSTRUMENTS 111

Review Time: Draw lines between the English word on the left and the corresponding translation on the right. Refer back to the original puzzle if you need help.

Պ	Ա	Ր	Կ	Ա	Պ	Զ	Ո	Ւ	Կ	E	Ձ	Բ	L	Հ
N	A	Կ	E	N	O	H	P	O	X	A	S	Ց	Ո	P
V	Ռ	Ա	Թ	Ի	Կ	O	M	I	E	Ք	R	Ր	Հ	A
Վ	Օ	Գ	Տ	Ա	Վ	Ի	Ղ	Ն	Օ	Ն	Շ	Ա	Դ	Ե
S	Ր	Ն	A	C	I	N	O	M	R	A	H	Ա	T	P
U	Ո	Ա	Կ	Ի	Ն	Ո	Մ	Ր	Ա	Հ	Շ	A	R	A
Ա	Փ	Զ	A	Ա	Թ	Ո	V	Ա	Չ	Ն	M	A	O	Է
Ք	Ե	B	R	C	Թ	T	Բ	I	Ա	B	H	W	M	Ճ
U	Շ	Չ	A	Ջ	C	Ւ	R	Մ	O	Ճ	Ռ	P	B	G
Ո	A	O	T	G	Ո	O	Ո	U	Ո	L	Ա	I	O	Ն
Ֆ	M	B	I	S	P	Ւ	R	Ջ	M	Ր	I	A	N	E
Ո	Շ	Ա	U	Վ	Ր	I	Թ	D	Վ	P	S	N	E	T
Ն	Ի	Մ	G	T	N	Ց	P	Ա	I	Ա	E	O	Ւ	U
Ց	Շ	Վ	C	E	L	L	O	E	Կ	O	Թ	T	Կ	L
S	Կ	Ձ	Շ	M	D	R	U	M	S	H	N	H	O	F

ACCORDION	ԴՀՈԼ
BAGPIPES	ՋՈՒԹԱԿ
CELLO	ԶԱՆԳԱԿ
DRUMS	ԿԻԹԱՌ
FLUTE	ԹԱՎՋՈՒԹԱԿ
GUITAR	ԴԱՇՆՕՆ
HARMONICA	ՇԵՓՈՐ
HARP	ՏՈՒԲԱ
PIANO	ՀԱՐՄՈՆԻԿԱ
SAXOPHONE	ՇՎԻ
TAMBOURINE	ՏՐՈՄԲՈՆ
TROMBONE	ԴԱՇՆԱՄՈՒՐ
TRUMPET	ՊԱՐԿԱՊԶՈՒԿ
TUBA	ՍԱՔՍՈՖՈՆ
VIOLIN	ՏԱՎԻՂ

REVIEW: EMOTIONS

112

Review Jumble: The translations in the word list below have been scrambled. Draw lines between the left and right columns to find the correct translations.

Ջ	L	Ա	Մ	Ա	Չ	Կ	Ո	S	C	Չ	Փ	Ծ	E	Ծ
Ծ	E	O	Ը	Հ	Ր	U	Զ	Ա	Յ	Ր	Ա	Ց	Ա	Ծ
Ծ	Ա	Վ	Զ	Ւ	Ո	Հ	Վ	D	Յ	Ց	R	Կ	C	D
Ա	P	Ց	Ո	Գ	Պ	Ւ	E	D	Ա	T	Ե	Զ	E	E
Ց	D	Խ	Ա	Ա	Ա	S	Զ	Ր	E	Ի	M	S	M	T
Ե	S	E	Ր	S	U	Ց	Ձ	Վ	L	I	S	H	O	I
Խ	Հ	S	S	F	U	Ն	Մ	Ա	Ա	A	R	Y	T	C
Ա	Ռ	H	N	I	Ա	Գ	Կ	Ո	R	Ծ	E	R	I	X
Վ	Խ	O	A	Ձ	R	Ն	Ն	R	Ւ	Է	N	G	O	E
Թ	C	S	Ֆ	P	Կ	P	A	Ա	T	Ն	P	N	N	W
Ն	T	A	C	Ա	P	B	R	H	Հ	R	Ք	A	Մ	T
Ժ	Վ	D	Ն	A	M	Y	E	U	O	Ն	O	Ջ	U	W
C	Չ	Ա	N	E	R	V	O	U	S	Խ	Ա	Ր	Ւ	Ո
Չ	Հ	O	Ո	Չ	L	E	D	Շ	Փ	Ո	Թ	Վ	Ա	Ծ
S	S	Չ	B	O	R	E	D	Ք	Ն	Ի	Յ	Ա	Ղ	Ջ

EMOTION	ՀՈՒԶՎԱԾ
HAPPY	ԱՆՀԱՆԳՍՏԱՑԱԾ
SAD	ԱՆԱԿՆԿԱԼԻ ԵԿԱԾ
EXCITED	ՀՊԱՐՏ
BORED	ՁԱՆՁՐԱՑԱԾ
SURPRISED	ՋՂԱՅԻՆ
SCARED	ՏԽՈՒՐ
ANGRY	ՎԱԽԵՑԱԾ
CONFUSED	ՀՈՒԶՎԱԾ
WORRIED	ԱՄԱՉԿՈՏ
NERVOUS	ԶԱՅՐԱՑԱԾ
PROUD	ՈՒՐԱԽ
EMBARRASSED	ԶԳԱՑՄՈՒՆՔ
SHY	ՇՓՈԹՎԱԾ

REVIEW: ILLNESSES

Review Time: Draw lines between the English word on the left and the corresponding translation on the right. Refer back to the original puzzle if you need help.

S	Ա	E	Է	Ց	Գ	H	Ց	E	S	U	Չ	Խ	Ց	Թ	O	Ռ
N	Ր	Վ	Փ	Ո	Ր	L	Ո	Ւ	Ծ	Ո	Ւ	Թ	Յ	Ո	Ւ	Ն
Յ	Յ	Ե	Բ	Ն	Ա	Ց	Խ	Մ	Ւ	Ո	Կ	Ծ	Կ	S	Կ	Հ
Ն	Ո	Խ	Պ	Ռ	O	B	Ի	Ա	Բ	Է	Ա	Փ	Y	Ա	Ծ	Ր
Ւ	Ւ	Դ	Ի	Ա	Բ	Ե	S	Ր	Ց	Վ	Զ	G	Ր	T	Ռ	Է
Ո	Ն	Թ	Ւ	Խ	Ճ	D	Ա	Փ	Թ	Ա	R	Ա	Չ	S	Ր	A
Յ	Ա	Ծ	Ջ	S	Փ	Հ	I	Ա	Հ	E	Վ	Z	P	Ղ	S	P
Թ	Հ	H	Ա	Ր	D	O	Կ	A	L	N	R	M	D	Ֆ	F	U
Ւ	Ո	Ա	E	U	Ծ	I	Ե	L	R	Ձ	A	Ո	Ռ	L	N	N
Ո	U	Ի	K	A	Ր	Ա	A	L	Թ	R	S	U	U	O	O	Ժ
Մ	Ո	Գ	O	Վ	D	Մ	Ղ	B	C	Փ	H	Z	S	I	Ռ	C
Ր	Ւ	Ր	R	O	C	A	Ղ	Ի	E	Ռ	Ձ	E	T	E	A	Դ
Ե	Թ	Ե	T	Ք	Ը	C	C	Ք	Կ	T	B	C	A	Հ	A	Ջ
Ջ	Յ	L	S	C	O	U	G	H	L	L	E	A	S	C	Ճ	Դ
E	Ո	Ա	L	Ժ	M	R	E	V	E	F	G	S	A	A	I	Յ
I	Ւ	A	C	H	I	C	K	E	N	P	O	X	T	Յ	Պ	Ճ
Խ	Ն	Ձ	B	Ո	L	E	D	I	L	R	Ը	E	E	M	Ի	Չ

ALLERGY	ՋԵՐՄՈՒԹՅՈՒՆ
CHICKENPOX	ՀԱՐԲՈՒԽ
COLD	ՀԱԶ
COUGH	ՍՐՏԽԱՌՆՈՑ
CRAMPS	ԳԼԽԱՑԱՎ
DIABETES	ԿԾԿՈՒՄ
DIARRHEA	ՄՐՍԱԾ
FEVER	ԿԱԹՎԱԾ
FLU	ՑԱՆ
HEADACHE	ԱԼԵՐԳԻԱ
INFECTION	ԴԻԱԲԵՏ
NAUSEA	ՋՐԾԱՂԻԿ
NOSEBLEED	քթի ԱՐՅՈՒՆԱՀՈՍՈՒԹՅՈՒՆ
RASH	ՎԱՐԱԿ
STROKE	ՓՈՐԼՈՒԾՈՒԹՅՈՒՆ

REVIEW: ILLNESSES 2

Review Jumble: The translations in the word list below have been scrambled. Draw lines between the left and right columns to find the correct translations.

S	C	I	R	Խ	Ց	W	Ր	Ր	G	Ծ	Ո	B	N	E	Պ
Վ	Վ	Ա	Ց	Ի	Ս	Ք	Ո	Մ	Ա	Տ	Ս	R	R	H	Ց
Կ	Ա	Պ	Տ	Ո	Ւ	Կ	Ծ	Վ	Ն	Ջ	U	U	M	C	Ն
Ւ	Է	Ց	Ն	C	Ֆ	Ր	Թ	Ա	Ո	B	T	I	I	A	Ց
Ո	Պ	Չ	Ա	H	R	Ա	Գ	N	Վ	C	Ը	S	G	H	Ո
Զ	Ի	Ք	N	Խ	Կ	Ա	R	Y	A	Ր	Ֆ	E	R	C	Ւ
Ո	L	R	Ծ	Ի	L	S	U	R	I	V	Ց	K	A	A	Մ
Խ	Ե	L	S	Ա	T	Գ	F	Y	Բ	M	L	Ա	I	M	Յ
W	Պ	Ր	Ր	Վ	Վ	N	O	I	S	S	U	C	N	O	C
Գ	U	Ր	Ա	Թ	Վ	Ր	E	S	Ո	P	P	M	E	T	U
Ա	Ի	Ր	Դ	Ա	S	Ճ	S	D	E	N	E	R	P	S	T
Կ	Ա	Ր	Մ	Ր	Ո	Ւ	Կ	Ո	I	L	Ե	L	A	S	Ֆ
Կ	U	S	Ք	Ծ	Ա	Վ	Ր	Տ	Կ	C	S	Ք	I	I	Ջ
U	U	Մ	Ռ	Ծ	Ը	Յ	Փ	Զ	Գ	U	C	A	Ն	P	N
Ա	T	Ղ	Շ	K	C	A	T	T	A	T	R	A	E	H	E
U	U	E	Ի	Ո	Կ	U	U	Ա	Վ	A	S	T	H	M	A

ACCIDENT	ԿՈՏՐՎԱԾՔ
ASTHMA	ՍՏԱՄՈՔՍԻ ՑԱՎ
BRUISE	ԽՈԶՈՒԿ
BURN	ԿԱՐՄՐՈՒԿ
CONCUSSION	ԷՊԻԼԵՊՍԻԱ
CUT	ՍՐՏԻ ԿԱԹՎԱԾ
EPILEPSY	ՎԹԱՐ
FRACTURE	ԿՏՐՎԱԾՔ
HEART ATTACK	ՈՏՆԱԳԱԼԱՐ
MEASLES	ԱՅՐՎԱԾՔ
MIGRAINE	ՎԱՐԱԿ
MUMPS	ԱՍՏՄԱ
SPRAIN	ԳԼԽԱՑԱՎ
STOMACH ACHE	ԿԱՊՏՈՒԿ
VIRUS	ՑՆՑՈՒՄ

REVIEW: QUESTIONS

Review Time: Draw lines between the English word on the left and the corresponding translation on the right. Refer back to the original puzzle if you need help.

Ժ	D	R	O	U	Թ	U	M	Շ	A	Ա	E	E	Ց	Ց
Կ	Ա	Ր	Ո	Ղ	Ե	U	O	Գ	Ն	Ե	L	Ի	Ն	Ձ
Q	N	Մ	Է	Ր	Չ	U	H	O	W	F	A	R	Ի	Ա
Ը	E	U	Ը	W	S	C	Ե	U	U	Ե	Պ	Չ	Ն	Ի
Պ	M	Ո	A	Ք	U	Ե	O	Պ	Ա	Ր	O	Ո	Չ	A
Y	P	Ձ	Ր	M	Ա	Y	Ղ	Ձ	Չ	Բ	E	Գ	Ք	Ւ
N	L	R	W	Ո	E	Ն	Y	Ք	Ա	Ն	Ի	Հ	Ա	S
A	E	O	Վ	R	Վ	Ղ	Ի	Գ	S	Ժ	Ի	L	Ն	Ձ
M	H	S	A	O	E	Հ	Ձ	U	Ի	A	Ճ	Ց	Q	C
W	U	W	U	Ւ	Ո	Ռ	Ե	Հ	Ն	Ա	Ք	Չ	Ն	Ի
O	O	E	S	A	Ն	O	Չ	S	Չ	Է	Ի	F	Ն	T
H	Y	R	Y	Ժ	C	O	H	W	Ե	Խ	O	Չ	Ձ	O
M	N	E	Ճ	H	N	E	H	W	Ի	Վ	Ո	S	D	Ղ
Ա	A	H	O	Ջ	W	A	B	A	V	Ւ	Զ	Ղ	Ն	Ճ
V	C	W	H	A	T	T	I	M	E	I	S	I	T	L

BECAUSE	ԻՆՉՔԱՆ
HOW	ԻՆՉ
HOW ARE YOU	ՔԱՆԻ ՀԱՏ
HOW FAR	ԻՆՉՈՒ
HOW MANY	ՈՐՏԵՂ
HOW MUCH	ԺԱՄԸ ՔԱՆԻՍՆ Է
CAN YOU HELP ME	ԿԱՐՈՂ ԵՍ ՕԳՆԵԼ ԻՆՁ
WHAT	ՈՎ
WHAT TIME IS IT	ԻՆՉՔԱՆ ՀԵՌՈՒ
WHEN	ԻՆՉՊԵՍ ԵՍ
WHERE	ՈՐՈՎՀԵՏԵՎ
WHO	ԵՐԲ
WHY	ԻՆՉՊԵՍ

REVIEW: AT A RESTAURANT 116

Review Jumble: The translations in the word list below have been scrambled. Draw lines between the left and right columns to find the correct translations.

N	M	L	F	L	Դ	O	Ո	Ռ	H	Է	P	Ե	Հ	Կ	Մ
Բ	Շ	Ր	Ե	Դ	Ն	Ա	Ղ	Ա	O	L	Ճ	Մ	N	O	Ա
S	U	Մ	Ա	S	Ձ	K	S	Մ	Վ	Ի	Շ	Ա	Հ	Հ	Ն
Շ	Խ	D	R	Ճ	Ւ	Ո	N	U	T	F	E	S	Շ	Կ	Ջ
R	W	Փ	E	S	Վ	Ո	Ւ	I	Ե	S	Ռ	Ո	Շ	Ն	Ե
Գ	I	N	Z	S	M	Ա	P	Գ	R	S	I	Ւ	Ա	Ա	Ռ
C	N	A	I	Ղ	S	O	Յ	U	Ա	D	Ւ	Ց	Ճ	Ց	Ո
Թ	E	P	T	G	M	E	O	Ե	Ը	Ր	Չ	Ո	Ա	Ա	Ց
L	L	K	E	Կ	E	C	R	R	Թ	Ն	Ա	Ղ	Խ	Շ	Ի
H	I	I	P	O	N	Ե	Q	T	T	Ե	Թ	Ն	Ա	Ա	Կ
C	S	N	P	I	U	Ն	E	R	O	S	L	Ր	Ն	Ճ	Ն
N	T	S	A	F	K	A	E	R	B	Խ	E	W	Ի	Ե	Ե
U	Բ	M	R	D	T	Դ	D	I	N	N	E	R	Ճ	Ք	Ր
L	D	E	T	H	E	B	I	L	L	W	A	I	T	E	R
Ւ	S	U	Ե	S	Ւ	Ո	Ն	Ա	Կ	Ա	Ն	Մ	Ի	Հ	T
Կ	Ն	Ա	Ց	Ի	Ր	Ե	Ն	Ի	Ն	Ի	Գ	Ք	H	I	N

APPETIZER	ՆԱԽԱՃԱՇ
BREAKFAST	ԽՄԵԼ
DESSERT	ԱՆՁԵՌՈՑԻԿՆԵՐ
DINNER	ԸՆԹՐԻՔ
DRINK	ԳԻՆԻՆԵՐԻ ՑԱՆԿ
EAT	ՃԱՇԱՑԱՆԿ
LUNCH	ՄԱՏՈՒՑՈՂ
MAIN COURSE	ՈՒՏԵԼ
MENU	ՆԱԽՈՒՏԵՍՏ
NAPKINS	ՁՈՒԳԱՐԱՆՆԵՐ
RESTROOMS	ՀԻՄՆԱԿԱՆ ՈՒՏԵՍՏ
THE BILL	ԹԵՑԱՎՃԱՐ
TIP	ԱՂԱՆԴԵՐ
WAITER	ՀԱՇԻՎ
WINE LIST	ՃԱՇ

117 REVIEW: AT THE HOTEL

Review Time: Draw lines between the English word on the left and the corresponding translation on the right. Refer back to the original puzzle if you need help.

Չ	Ի	Բ	Ր	Ս	Ո	Խ	Ա	Ռ	Ե	Հ	N	O	Յ	Կ	Մ	Մ
D	T	E	N	R	E	T	N	I	Ա	O	E	Մ	Ի	Ւ	Ւ	Ի
Ձ	O	N	Ջ	Ց	Ո	Ն	Ա	Ր	Ւ	Ո	Յ	Հ	Ճ	Ո	S	B
B	I	N	Ը	Ո	Y	A	U	E	Ժ	S	Ե	Փ	Կ	Ր	Հ	Ց
K	L	D	O	A	Ւ	Ա	Վ	Գ	Ձ	Ր	A	Ր	Դ	Պ	Ե	S
W	E	A	R	T	Ջ	Գ	F	Ե	Ո	E	Ա	Գ	R	Մ	Ո	T
B	T	Y	N	Ր	D	L	Ա	Ւ	Ր	U	Ա	O	Ն	Ա	U	L
Հ	P	E	Ա	K	E	I	U	Ր	Ա	Մ	O	F	Ա	Ճ	Ե	Ա
Ա	A	Մ	L	W	E	S	S	Պ	Ա	M	Ա	E	Ր	Ր	Ն	Կ
Մ	P	H	O	E	Ա	T	U	T	S	Ն	N	Կ	Ա	Փ	Յ	Ա
Ա	E	T	L	Ց	V	Ի	S	E	U	O	Ի	Գ	Ն	U	Ա	Ճ
Ց	R	Z	Ո	H	Կ	I	R	Ի	H	R	Ն	Թ	Ւ	Ե	Կ	Հ
Ա	I	Ւ	A	Ա	M	V	S	P	L	Ա	B	L	Ո	Փ	Ր	Ա
Ն	Յ	T	Յ	O	I	Y	E	I	Խ	Ա	Ֆ	O	Դ	Ւ	Վ	Մ
Ց	Ծ	Ն	O	C	M	L	G	Չ	O	Ր	Ն	A	Ն	A	Ղ	S
O	Ե	R	E	C	E	P	T	I	O	N	Ր	Ա	Ը	S	Վ	Թ
U	R	H	O	T	E	L	U	G	G	A	G	E	Բ	W	Ջ	I

BED	ԲԱՆԱԼԻ
BLANKETS	ՀՅՈՒՐԱՆՈՑ
DO NOT DISTURB	ՎԵՐՄԱԿՆԵՐ
GYM	ՍԵՆՅԱԿԻ ՍՊԱՍԱՐԿՈՒՄ
HOTEL	ՃԱՄՊՐՈՒԿ
INTERNET	ՄԱՀՃԱԿԱԼ
KEY	ՀԵՌԱԽՈՍ
LUGGAGE	ԸՆԴՈՒՆԱՐԱՆ
RECEPTION	ՍԵՆՅԱԿ
ROOM	ՉԽԱՆԳԱՐԵԼ
ROOM SERVICE	ՍՐԲԻՉ
TELEPHONE	ՀԱՄԱՑԱՆՑ
TELEVISION	ՀԵՌՈՒՍՏԱՑՈՒՅՑ
TOILET PAPER	ԶՈՒԳԱՐԱՆԻ ԹՈՒՂԹ
TOWEL	ՄԱՐԶԱՍՐԱՀ

REVIEW: SUBJECTS

118

Review Jumble: The translations in the word list below have been scrambled. Draw lines between the left and right columns to find the correct translations.

Ճ	Մ	Ն	Վ	H	T	A	M	E	N	Ժ	Բ	P	G	Ր	Ն	P
I	Ա	S	Ւ	Ա	M	U	S	I	C	Ժ	N	N	I	Ւ	H	Ե
S	Թ	Ր	Շ	Ո	Ր	R	B	E	Շ	N	I	A	Ո	Y	Ր	Ե
E	Ե	G	S	Զ	Յ	Ր	Y	Կ	N	R	E	Յ	S	Ա	H	G
G	Մ	Պ	Ր	Ա	L	Թ	Ո	R	E	I	Թ	I	Ժ	U	E	Ր
A	Ա	L	Ա	Շ	Ր	Ւ	Ւ	E	T	Ւ	C	Շ	C	O	C	Խ
U	S	Ե	Ֆ	S	Թ	Ա	N	Ո	Ո	S	S	I	G	S	O	H
G	Ի	Զ	S	Յ	Մ	I	Գ	Ր	Ն	Ո	I	R	D	Բ	N	I
N	Կ	Ո	Ո	S	G	Ո	Գ	Ի	Ւ	Ա	A	M	Ի	E	O	S
A	Ա	Ւ	Շ	N	E	Ա	Ւ	Ո	S	P	Բ	Զ	E	Ո	M	T
L	Ն	Ն	E	E	Հ	N	Ւ	Թ	H	Ո	Ն	Ա	Ա	H	I	O
Ք	Կ	Ե	S	Ր	L	Թ	I	Y	Յ	Ե	Ւ	Պ	U	Գ	C	R
Ի	U	Ր	Ա	Ն	Յ	Դ	Դ	S	U	Ո	Կ	Թ	R	Ն	S	Y
Մ	Ո	Խ	Ց	Ո	L	Պ	O	Վ	U	U	Ւ	Ճ	Յ	R	Ե	Ա
Ի	Շ	Հ	Ւ	Y	G	O	L	O	I	B	Վ	Ն	Ճ	Ո	Ղ	Կ
Ա	S	Ն	S	Ե	U	Ա	Գ	Ի	S	Ո	Ւ	Թ	Յ	Ո	Ւ	Ն
Չ	Ֆ	Ի	Զ	Ի	Կ	Ա	Գ	Ի	S	Ո	Ւ	Թ	Յ	Ո	Ւ	Ն

BIOLOGY	ԵՐԱԺՇՏՈՒՈՒԹՅՈՒՆ
BUSINESS	ԿԵՆՍԱԲԱՆՈՒԹՅՈՒՆ
CHEMISTRY	ՊԱՏՄՈՒԹՅՈՒՆ
ECONOMICS	ԱՇԽԱՐՀԱԳՐՈՒԹՅՈՒՆ
ENGINEERING	ԼԵԶՈՒՆԵՐ
GEOGRAPHY	ՄԱԹԵՄԱՏԻԿԱ
HISTORY	ՃԱՐՏԱՐԱԳԻՏՈՒԹՅՈՒՆ
LANGUAGES	ՏՆՏԵՍԱԳԻՏՈՒԹՅՈՒՆ
MATH	ԲԻԶՆԵՍ
MEDICINE	ՔԻՄԻԱ
MUSIC	ԲԺՇԿՈՒԹՅՈՒՆ
PHYSICS	ՖԻԶԻԿԱ
SCIENCE	ԳԻՏՈՒԹՅՈՒՆ

REVIEW: MATH

Review Time: Draw lines between the English word on the left and the corresponding translation on the right. Refer back to the original puzzle if you need help.

Հ	Ն	L	S	Ի	Ռ	Ջ	S	Ո	Կ	Ո	U	E	F	T	Ր	L
Y	Ա	Ւ	Թ	U	Ո	Ե	Բ	Մ	Ւ	Ո	Ն	Ա	Հ	Ո	Ն	E
R	M	Շ	Ո	Ղ	B	Ջ	Հ	G	Ւ	A	S	P	O	Ւ	Ո	L
T	U	U	Վ	Յ	W	T	E	Ա	R	Ո	E	Ո	Ո	Ղ	Ն	L
E	N	N	L	Ի	Թ	Կ	R	I	Գ	R	Ն	Յ	Ր	Ղ	Ա	A
M	R	O	Ջ	T	Չ	Ւ	T	A	P	Ւ	Թ	Ա	Մ	Ա	Ք	R
O	O	I	I	Վ	I	H	Ո	E	C	Ւ	Ո	Ւ	Ժ	Հ	Կ	A
E	T	S	Ր	T	M	P	N	Ն	Ո	T	Ո	Զ	Ա	Ա	Վ	P
G	A	I	Q	E	A	D	L	Փ	Ա	Կ	I	Վ	Վ	Յ	Բ	R
A	L	V	T	W	I	U	Ա	I	S	Բ	Ա	O	V	Ա	A	U
T	U	I	S	C	Ւ	Չ	Q	Ա	C	U	Ա	L	N	Ց	A	L
N	C	D	U	Ա	Ա	Բ	Պ	E	Ա	A	Փ	Վ	Ա	Ո	Ք	E
E	L	L	Ք	Ր	A	Ա	M	Ր	E	Ե	T	Ց	Թ	Վ	Ծ	R
C	A	L	Կ	A	Մ	U	Ո	R	I	S	Ր	I	X	T	Ա	T
R	C	Ր	Յ	Զ	L	Ւ	A	D	D	I	T	I	O	N	Ր	Ծ
E	Ե	Ձ	Ա	O	Մ	Ւ	Ո	Ր	Ա	Մ	Ւ	Ո	Գ	N	Ա	A
P	O	Բ	V	Ծ	N	O	I	T	C	A	R	F	L	H	S	R

ADDITION	ՈՒՂՂԱՀԱՅԱՑ
AREA	ԶՈՒԳԱՀԵՌ
ARITHMETIC	ԹՎԱԲԱՆՈՒԹՅՈՒՆ
CALCULATOR	ՀԱՇՎԻՉ
DIVISION	ՀԱՎԱՍԱՐՈՒՄ
EQUATION	ԲԱԶՄԱՊԱՏԿՈՒՄ
FRACTION	ՏՈԿՈՍ
GEOMETRY	ՔԱՆՈՆ
MULTIPLICATION	ԳՈՒՄԱՐՈՒՄ
PARALLEL	ԲԱԺԱՆՈՒՄ
PERCENTAGE	ԾԱՎԱԼ
PERPENDICULAR	ԿՈՏՈՐԱԿ
RULER	ՀԱՆՈՒՄ
SUBTRACTION	ԵՐԿՐԱՉԱՓՈՒԹՅՈՒՆ
VOLUME	ՏԱՐԱԾՔ

REVIEW: AT THE AIRPORT

Review Jumble: The translations in the word list below have been scrambled. Draw lines between the left and right columns to find the correct translations.

Ձ	I	Շ	E	T	A	K	E	O	F	F	Ք	Չ	Ի	Ռ	Թ	I
E	N	Ժ	G	C	N	Ն	Ի	Ց	Ա	Գ	Ձ	Ա	Ջ	Ի	Մ	E
H	T	Y	T	I	R	U	C	E	S	Ը	Ե	Ժ	Չ	Ե	T	G
S	E	R	U	T	R	A	P	E	D	E	Ի	H	Կ	A	O	A
Ն	R	U	L	S	U	Ր	C	Կ	Ջ	Ն	Ե	Ն	G	S	Դ	G
Ա	N	L	Չ	E	N	M	Ե	A	Ք	S	Ո	Մ	U	S	Ա	G
Յ	A	Ը	D	M	W	U	T	Ն	I	Ւ	A	Ի	L	Ր	Ն	A
Թ	T	I	T	O	A	Ջ	Ա	E	Մ	R	Ղ	Ձ	Ն	Չ	Ա	B
Ւ	I	S	R	D	Y	Թ	T	Ն	R	Ւ	P	Ւ	L	Ն	Վ	Ն
Ո	O	M	O	C	Ի	Ռ	Ե	I	Ո	M	Ո	O	Զ	Դ	Ա	Մ
Գ	N	O	P	Ռ	R	Ր	V	Ք	C	S	I	Ն	R	Կ	Կ	A
Ն	A	T	S	O	V	A	Չ	Թ	Ա	K	Ա	N	Ա	T	Ա	F
Ա	L	S	S	Ր	L	Ի	F	U	Ճ	Գ	E	Ղ	A	Մ	Յ	S
S	Ւ	U	A	S	Ռ	E	Ք	T	Ի	Ը	Ե	T	S	L	Ա	B
Վ	D	C	P	Թ	Փ	Ա	Ի	Ր	Ժ	S	T	L	Ֆ	Ռ	Ն	Ժ
Ն	Ծ	S	Ե	Ր	Մ	Ի	Ն	Ա	L	E	U	P	Ք	Ք	Ա	L
Ա	H	E	Ֆ	I	Ո	Ւ	Ղ	Ղ	Ե	Բ	Ե	Ռ	Ծ	E	N	E

AIRCRAFT	ԱՆՎՏԱՆԳՈՒԹՅԱՆ աշխատակից
AIRPORT	ԺԱՄԱՆՈՒՄՆԵՐ
ARRIVALS	ԹՌԻՉՔՈՒՂԻ
BAGGAGE	ՈՒՂՂԵԲԵՌ
CUSTOMS	ՄԵԿՆՈՒՄՆԵՐ
DEPARTURES	ԹՌԻՉՔ
DOMESTIC	ՏԵՂԱԿԱՆ
GATE	ՕԴԱՆԱՎԱԿԱՅԱՆ
INTERNATIONAL	ՄԻՋԱԶԳԱՅԻՆ
PASSPORT	ԻՆՔՆԱԹԻՌ
RUNWAY	ՏՈՄՍ
SECURITY	ՄԱՔՍԱՏՈՒՆ
TAKEOFF	ԵԼՔ
TERMINAL	ԱՆՁՆԱԳԻՐ
TICKET	ՏԵՐՄԻՆԱԼ

REVIEW: ON THE FARM

Review Time: Draw lines between the English word on the left and the corresponding translation on the right. Refer back to the original puzzle if you need help.

N	Փ	S	Ր	Ա	Կ	S	Ո	Ր	A	N	F	E	Վ	V
Ը	A	Ճ	Վ	Շ	Ժ	Կ	Ո	Ե	Ո	R	A	W	Ը	Ժ
O	S	Ը	Գ	Ձ	U	L	Մ	U	U	Ն	R	Գ	Ը	Ֆ
E	H	Հ	Բ	Ե	Ք	G	Ը	Յ	L	Ա	M	Ձ	T	Պ
Ւ	E	S	Ն	Ա	Յ	Ծ	Վ	Ւ	Ձ	Պ	E	L	E	Վ
S	E	E	A	Դ	Դ	Ո	Ո	Ո	Գ	Ա	R	Վ	Կ	Ձ
D	P	W	S	T	Կ	Ց	L	Բ	I	Կ	O	Խ	Ձ	N
Ն	U	O	T	R	Ռ	Ա	Գ	Ա	Զ	Ա	O	Ճ	Հ	Զ
L	O	C	R	A	O	Զ	Հ	Կ	Վ	Ր	S	Փ	H	Գ
Y	N	E	K	C	I	H	C	Ա	D	Ա	T	Ւ	Գ	Բ
Փ	E	K	Ջ	T	Ա	S	Հ	Շ	Վ	Գ	E	A	I	P
Y	E	K	N	O	D	L	Ֆ	Մ	Ճ	Ա	R	E	O	I
Ձ	F	Ռ	R	R	L	A	Կ	Շ	T	Զ	Ն	Ք	Y	G
Ի	Ծ	Ը	A	U	H	G	Թ	Չ	Ո	Չ	Խ	Ա	Ր	Պ
L	A	M	B	I	T	T	R	Խ	Պ	Ե	S	Խ	Կ	N

BULL	ԱԳԱՐԱԿԱՊԱՆ
CHICKEN	ՁԻ
COW	ՀԱՎ
CROPS	ՏՐԱԿՏՈՐ
DONKEY	ԱՅԾ
DUCK	ԲԱԴ
FARMER	ԱՔԼՈՐ
GOAT	ԱՎԱՆԱԿ
HORSE	ՑՈՒԼ
LAMB	ՄՇԱԿԱԲՈՒՅՍԵՐ
PIG	ԽՈԶ
ROOSTER	ԳԱՌ
SHEEP	ԿՈՎ
TRACTOR	ՀՆԴԿԱՀԱՎ
TURKEY	ՈՉԽԱՐ

REVIEW: SIGHTSEEING

Review Jumble: The translations in the word list below have been scrambled. Draw lines between the left and right columns to find the correct translations.

Տ	Ե	Ս	Ա	Ր	Ժ	Ա	Ն	Վ	Ա	Յ	Ր	Ե	Ր	Մ	I	U
Զ	Շ	Ց	M	Վ	Յ	Զ	Հ	Ո	Ւ	Շ	Ա	Ր	Ձ	Ա	Ն	Q
M	Բ	A	Յ	O	Ե	Ռ	M	T	Մ	A	Պ	R	Ծ	S	Ւ	R
U	P	Ո	T	Ւ	Յ	Ր	O	Կ	R	Ա	E	M	Կ	O	Ո	Ո
S	Զ	T	U	T	Ո	U	Ա	T	S	D	H	O	Ի	U	Յ	Ւ
E	T	Ե	T	Ա	R	Ց	G	Կ	R	E	N	N	Ց	V	Թ	Ղ
U	N	S	S	G	Շ	A	Ե	O	Ն	O	Ց	U	Խ	E	Ւ	Ղ
M	Մ	N	U	Ր	L	Ր	C	Ղ	I	Ե	Վ	M	Ո	N	Ո	Ո
A	Ք	I	N	L	Ա	M	Ջ	T	Ւ	T	Ր	E	S	I	Վ	Ւ
R	D	U	E	U	A	Ք	A	Ի	I	Ո	Z	N	Ո	R	S	Թ
E	Ի	R	Ր	C	Վ	M	Ռ	Ն	Կ	O	T	T	Ֆ	S	Ա	Յ
M	Y	Ա	D	I	R	E	C	T	I	O	N	S	G	Յ	Կ	Ո
A	Հ	Բ	K	O	O	B	E	D	I	U	G	S	Գ	S	Ե	Ւ
C	T	R	F	T	S	I	R	U	O	T	Դ	Ի	Գ	Բ	Ղ	Ն
E	A	N	I	A	Վ	V	Ն	Ա	Ր	Ա	Գ	Ն	Ա	Թ	Ե	Ն
P	I	R	Ն	Գ	Ե	Հ	O	Կ	Ի	Ց	Խ	Ա	U	Ե	S	Ե
Ե	Բ	Ջ	S	N	Հ	Ո	Ւ	Շ	Ա	Ն	Վ	Ե	Ր	Ն	Ե	Ր

ART GALLERY	ՊԱՏԿԵՐԱՍՐԱՀ
ATTRACTIONS	ՏԵՍԱԽՑԻԿ
CAMCORDER	ԶԲՈՍԱՇՐՋԻԿ
CAMERA	ՈՒՂԵՑՈՒՅՑ
DIRECTIONS	ԳԻԴ
GUIDE BOOK	ՀՈՒՇԱՐՁԱՆ
INFORMATION	ԱՅԳԻ
MAP	ՏԵՍԱՐԺԱՆ ՎԱՅՐԵՐ
MONUMENTS	ՈՒՂՂՈՒԹՅՈՒՆՆԵՐ
MUSEUM	ՔԱՐՏԵԶ
PARK	ԱՎԵՐԱԿՆԵՐ
RUINS	ՖՈՏՈԽՑԻԿ
SOUVENIRS	ԹԱՆԳԱՐԱՆ
TOUR GUIDE	ՀՈՒՇԱՆՎԵՐՆԵՐ
TOURIST	ՏԵՂԵԿԱՏՎՈՒԹՅՈՒՆ

REVIEW: AT THE BEACH

Review Time: Draw lines between the English word on the left and the corresponding translation on the right. Refer back to the original puzzle if you need help.

Կ	Ւ	Ո	Ս	Ք	Ն	Ա	Պ	Տ	Շ	Ա	Պ	Ա	Վ	Ե	Ր	Ա
Ր	O	D	Զ	Ր	Ր	S	L	S	Կ	Գ	M	Ը	Զ	O	P	Ն
Ւ	Հ	Գ	D	Ե	V	G	W	Ր	V	O	Z	E	Գ	N	O	L
Ի	Դ	N	Վ	L	N	I	Ա	S	R	A	Հ	Ց	B	Բ	Ա	Հ
Հ	A	O	Յ	I	M	Խ	Ձ	Վ	Ֆ	I	S	L	Զ	Ր	Ր	Ծ
S	Y	F	F	M	L	N	U	S	Ա	Ձ	Ի	Յ	Ո	Ա	Ե	O
E	Թ	R	I	Գ	N	S	T	Ճ	L	Զ	H	Ւ	Փ	Ղ	Վ	Փ
S	U	N	S	C	R	E	E	N	Ի	Ո	Ե	Ո	N	Կ	Ա	Ա
S	G	Հ	W	X	Փ	A	K	H	Ք	Ի	Ղ	Դ	Ի	Ը	Յ	L
A	Ք	Ա	I	Ա	Մ	Գ	C	F	Ն	U	I	Ա	Ղ	Թ	Ի	S
L	R	O	E	S	Հ	D	U	I	Ե	Ձ	Ն	S	Փ	Յ	Ն	N
G	T	A	C	O	E	Մ	B	Ր	Ր	Ո	S	I	F	Խ	Ա	Ձ
N	W	A	V	E	S	E	Ֆ	Խ	U	D	T	T	Ժ	Ֆ	Կ	Կ
U	U	A	T	E	A	Ի	Ո	S	Յ	O	E	L	A	Ծ	Ն	F
S	Ք	S	A	C	Ն	N	Բ	A	O	X	Ժ	Մ	H	Ը	Ո	Գ
Բ	Վ	Ժ	H	Գ	S	Ծ	Թ	Ա	L	O	D	A	Ժ	M	Ց	Վ
Թ	Ը	E	L	T	S	A	C	D	N	A	S	H	O	V	E	L

BEACH	ԱՎԱԶ
BUCKET	ԱԼԻՔՆԵՐ
HAT	ԱՐԵՎԱՊԱՇՏՊԱՆ ՔՍՈՒԿ
OCEAN	ԾՈՎ
SAND	ԱՎԱԶԵ ԴՂՅԱԿ
SANDCASTLE	ԲԱՀ
SEA	ԳԼԽԱՐԿ
SHOVEL	ԱՐԵՎԱՅԻՆ ԱԿՆՈՑ
SUN	ՕՎԿԻԱՆՈՍ
SUNGLASSES	ԴՈՒՅԼ
SUNSCREEN	ԼՈՂԱԼ
SURFING	ՍԵՐՖԻՆԳ
SWIMMING	ԼՈՂԱՓ
WAVES	ԱՐԵՎ

REVIEW: OPPOSITES 1

124

Review Jumble: The translations in the word list below have been scrambled. Draw lines between the left and right columns to find the correct translations.

Ք	T	I	Ե	X	Թ	Ջ	S	Գ	Գ	Կ	Ց	Է	Շ	U
Է	S	Յ	S	E	Շ	R	Դ	Ճ	L	Ա	Վ	Յ	Կ	Ք
A	Ք	H	Ձ	Ճ	A	T	I	L	Թ	U	Պ	Վ	Ա	S
Ճ	E	Ո	Ջ	Ղ	R	Կ	Ա	Ձ	Փ	Ա	Ի	G	Ր	O
G	O	S	Ը	Հ	O	S	Ջ	Ա	Փ	Հ	Ն	Յ	Ճ	Ց
E	U	A	L	I	L	Փ	Փ	Վ	Ջ	Ա	Դ	Մ	Ա	Ձ
O	Ո	R	Շ	E	W	Ո	Ո	Չ	Չ	Ր	Ր	Ե	Հ	L
D	N	G	T	G	Ւ	S	S	Ք	Ո	Ձ	Ր	Ծ	Ա	Ց
L	Շ	A	Վ	Կ	Է	H	Բ	Յ	Ր	Ր	V	Յ	U	Ո
Յ	L	Ց	R	A	O	I	H	Ա	E	Ա	Ն	N	Ա	Է
O	O	A	E	R	G	G	Բ	D	O	Բ	T	Ե	Կ	Ֆ
E	W	A	T	Y	O	H	I	Հ	E	F	Մ	Պ	Ղ	Ժ
Ձ	T	V	Ջ	B	O	W	N	B	O	Ծ	Խ	Ի	Խ	S
Ի	Ֆ	H	A	R	D	E	L	S	M	A	L	L	T	P
Ե	B	D	R	Y	T	T	U	Խ	Ա	B	Վ	T	F	I

BIG	ՄԵԾ
SMALL	ԲԱՐՁՐԱՀԱՍԱԿ
WIDE	ՊԻՆԴ
NARROW	ՎԱՏ
TALL	ԼԱՎ
SHORT	ՑԱԾՐ
HIGH	ԲԱՐՁՐ
LOW	ՓՈՔՐ
GOOD	ԹԱՑ
BAD	ՉՈՐ
WET	ԿԱՐՃԱՀԱՍԱԿ
DRY	ՓԱՓՈՒԿ
HARD	ՆԵՂ
SOFT	ԼԱՅՆ

REVIEW: OPPOSITES 2

125

Review Time: Draw lines between the English word on the left and the corresponding translation on the right. Refer back to the original puzzle if you need help.

Ք	Ո	Թ	J	Ի	Թ	Վ	Ր	Ւ	Ո	Ք	Ա	Մ	Փ	Թ
Ք	Ջ	V	M	X	O	O	I	V	Ս	Ղ	Ք	Ժ	O	D
Ի	O	Ւ	Թ	Դ	Ց	O	Ձ	Ձ	Մ	Ա	W	Է	L	Է
Ե	M	Ղ	U	L	Թ	Ա	Ն	Կ	Ս	Դ	Ռ	O	Խ	L
Ջ	J	T	T	Ւ	Ի	E	Ո	Խ	L	Ն	C	Ը	C	C
D	Յ	S	Ւ	Խ	A	S	Ա	Ը	Ծ	Ա	H	M	L	E
L	F	Ո	Կ	G	Y	L	Ո	Ւ	Ր	Դ	E	E	O	Ո
Ռ	E	S	Ռ	D	E	O	Ն	Ա	Ժ	Է	A	Ր	S	N
R	Ծ	L	Ը	I	Ո	Բ	Գ	Չ	Ո	N	P	Յ	E	L
E	C	O	X	R	D	Ճ	Հ	I	C	Հ	H	P	D	L
S	Q	W	E	T	Է	Պ	Ի	H	Բ	A	O	Գ	T	M
A	A	U	R	Y	H	E	Ֆ	Շ	L	D	T	Հ	G	Ք
G	Y	S	I	O	N	G	S	Ո	S	Ղ	Ե	Կ	V	Ց
Վ	E	X	P	E	N	S	I	V	E	Ա	Է	O	Ա	A
L	C	F	A	S	T	G	I	R	S	Ր	Ք	Բ	S	Փ

FAST	ՄԱՔՈՒՐ
SLOW	ՍԱՌԸ
RIGHT	ՓԱԿ
WRONG	ԱՐԱԳ
CLEAN	ՏԱՔ
DIRTY	ԿԵՂՏՈՏ
QUIET	ԲԱՑ
NOISY	ԱՂՄԿՈՏ
EXPENSIVE	ԼՈՒՐ
CHEAP	ՃԻՇՏ
HOT	ԹԱՆԿ
COLD	ՍԽԱԼ
OPEN	ԷԺԱՆ
CLOSED	ԴԱՆԴԱՂ

REVIEW: OPPOSITES 3

126

Review Jumble: The translations in the word list below have been scrambled. Draw lines between the left and right columns to find the correct translations.

A	Շ	S	A	Ք	N	Գ	Ռ	H	T	T	L	Ա	P	S
Ղ	T	Ր	Մ	Խ	Դ	I	Ե	G	O	Յ	S	Շ	Ե	Հ
Դ	E	N	D	S	M	Փ	N	Ր	Ւ	Ր	Ա	Հ	Ի	Ն
Y	M	M	F	W	A	I	Ժ	Ո	Ա	Բ	U	Ն	Կ	Դ
S	P	A	Ա	E	N	Ճ	Թ	Վ	Ր	Մ	O	Խ	Ր	Ր
A	T	Վ	K	N	H	T	Ա	Ա	Ո	Ո	Ե	U	Ա	N
E	Y	R	I	Բ	Զ	Ի	Կ	U	D	Ւ	Ն	Վ	S	E
W	A	G	O	Ծ	S	D	L	Ւ	I	Թ	Ժ	Ֆ	Ա	E
D	E	A	F	N	L	E	H	Ո	F	Դ	Մ	Ե	Դ	Ն
B	Ձ	A	Կ	E	G	Թ	L	L	F	Ա	Շ	Y	Ղ	V
Ռ	Մ	S	K	E	A	Ռ	Ռ	N	I	Ծ	O	W	C	L
T	Ջ	D	Ղ	I	L	Z	I	A	C	L	S	I	E	Ծ
T	Բ	I	U	Ֆ	S	H	N	D	U	O	H	R	Է	Գ
F	Թ	L	D	E	T	H	G	I	L	L	U	F	Պ	Ի
Ն	P	Ճ	A	T	Ք	T	Z	R	T	D	Հ	Ց	Ջ	F

FULL	ԼՈՒՍԱՎՈՐ
EMPTY	ԴԺՎԱՐ
NEW	ՍԿԻԶԲ
OLD	ԱՎԱՐՏ
LIGHT	ՀԵՇՏ
DARK	ԴԱՏԱՐԿ
EASY	ԹՈՒՅԼ
DIFFICULT	ՆԻՀԱՐ
STRONG	ՄՈՒԹ
WEAK	ԼԻ
FAT	ՀԻՆ
THIN	ՆՈՐ
BEGINNING	ԳԵՐ
END	ՈՒԺԵՂ

REVIEW: OPPOSITES 4

127

Review Time: Draw lines between the English word on the left and the corresponding translation on the right. Refer back to the original puzzle if you need help.

I	Փ	A	T	I	Գ	Գ	S	R	A	Ձ	N	Ժ	O	Թ
Գ	A	K	D	Ձ	Հ	Խ	Y	Չ	F	O	H	S	T	Փ
L	I	Ր	Մ	Հ	Ե	S	O	Դ	Մ	P	Չ	S	A	B
Y	Ր	F	S	Ւ	Ռ	Ը	Շ	Ւ	Ո	Շ	A	L	T	Ձ
Ց	P	Թ	G	Ջ	Ո	L	Ո	Y	Վ	L	N	E	O	E
N	Ն	Ն	L	Մ	Ւ	U	Ճ	Ե	A	Ւ	Փ	Վ	U	Ձ
Ի	B	Ա	I	Դ	Ր	Ք	Ր	T	F	I	R	S	T	Վ
I	E	Խ	Ռ	Դ	T	Ջ	E	Ե	Ռ	Վ	Գ	R	S	O
T	F	Ք	W	Ա	Ի	C	H	D	Ն	D	G	Ճ	I	Վ
N	O	Ա	Յ	Ն	S	Ե	Ղ	H	I	Ի	S	Ռ	D	Ղ
Ք	R	Ն	Յ	Ջ	Կ	S	E	E	D	S	Ջ	Ճ	E	Ւ
E	E	Չ	R	U	Ի	Y	L	R	A	E	N	Ա	W	E
Ց	T	A	Հ	Ե	S	Ո	Ց	E	E	Ծ	T	I	Ռ	Վ
T	F	A	E	U	Ո	Ե	T	U	O	H	T	I	W	Ա
R	A	E	N	Y	Մ	Հ	Ղ	W	Ռ	H	T	Ա	U	Ղ

NEAR	ՎԵՐՋԻՆ
FAR	ՄՈՏԻԿ
HERE	ԴՐՍՈՒՄ
THERE	ԱՅՆՏԵՂ
WITH	ՀԵՏՈ
WITHOUT	ՈՒՇ
BEFORE	ԱՅՍՏԵՂ
AFTER	ՀԵՏ
EARLY	ՆԱԽՔԱՆ
LATE	ՎԱՂ
INSIDE	ԱՌԱՋԻՆ
OUTSIDE	ՆԵՐՍՈՒՄ
FIRST	ՀԵՌՈՒ
LAST	ԱՌԱՆՑ

REVIEW: MATERIALS

Review Jumble: The translations in the word list below have been scrambled. Draw lines between the left and right columns to find the correct translations.

Թ	Ա	Ծ	Ր	Ա	Ր	Թ	Ւ	Ո	Յ	Ն	M	A	Դ	S
V	Y	Փ	Պ	G	Վ	Ա	Կ	Դ	Փ	Չ	E	E	S	Ռ
Կ	K	Ա	Գ	R	E	Ա	Ք	Ջ	Ձ	Ց	T	S	Բ	Թ
S	Կ	Յ	Մ	W	E	N	Զ	H	Ռ	L	A	P	Ե	H
Ի	R	S	Ղ	Կ	O	V	O	P	H	L	L	C	S	Վ
S	I	E	L	Թ	G	O	L	T	G	A	E	O	Ո	Վ
Ճ	L	Գ	P	Զ	Յ	A	D	I	S	I	E	N	Ն	Ա
Մ	Խ	Ո	Թ	P	T	N	C	T	S	R	T	C	Ջ	Փ
Պ	O	Զ	D	I	O	Ձ	I	Դ	Y	E	S	R	U	H
Զ	A	Ե	N	M	Է	C	Ն	Ի	Y	T	G	E	Բ	Ն
O	Թ	U	A	Պ	L	Ա	S	Ի	Ն	A	O	T	T	Ղ
Դ	M	I	S	Ո	Մ	Ե	S	Ա	Ղ	M	L	E	U	Ֆ
A	D	Պ	L	Ա	U	S	Մ	Ա	U	Պ	D	C	D	Ց
Ռ	Ի	Խ	Դ	X	Ի	Կ	O	Ց	A	F	Ե	P	Պ	D
N	S	Ա	Պ	Ղ	Ո	Պ	Ի	Ե	Պ	Ղ	A	Փ	Ճ	G

CLAY	ՓԱՅՏ
CONCRETE	ՊՂԻՆՁ
COPPER	ՄԵՏԱՂ
DIAMOND	ՊԼԱՏԻՆ
GLASS	ՊՈՂՊԱՏ
GOLD	ԿԱՎ
MATERIAL	ԱՎԱԶ
METAL	ԱՊԱԿԻ
PLASTIC	ԱԴԱՄԱՆԴ
PLATINUM	ՈՍԿԻ
SAND	ՆՅՈՒԹ
SILVER	ԲԵՏՈՆ
STEEL	ԱՐԾԱԹ
STONE	ՔԱՐ
WOOD	ՊԼԱՍՏՄԱՍ

REVIEW: MATERIALS 2

Review Time: Draw lines between the English word on the left and the corresponding translation on the right. Refer back to the original puzzle if you need help.

Ա	Գ	G	Հ	P	Ո	A	Ե	Ր	Հ	Ա	Ն	H	C	Ռ	Ե
Չ	Ժ	Ա	Ն	Գ	Ո	Տ	Վ	Ո	Ղ	Պ	Ո	Ղ	Պ	Ա	Տ
T	N	Ր	Կ	Ի	Ռ	Ա	Ղ	Յ	S	A	V	Ծ	Ռ	I	S
Փ	T	Ո	C	Ի	Մ	Ե	Ո	Ի	Կ	Փ	Դ	U	I	Բ	T
V	I	Ւ	Ք	Մ	Մ	Ւ	S	L	Ր	Ա	Մ	Ր	Ա	Մ	A
Յ	T	Յ	N	Չ	U	Ա	Ո	Ի	Ջ	S	Պ	Մ	Ժ	Թ	I
Ր	A	Ր	L	H	Ն	Y	Ր	Յ	Ն	Ն	Բ	Ա	Ղ	D	N
Ճ	N	C	E	M	E	N	T	Ե	L	Ա	B	Ւ	Ր	O	L
C	I	M	A	R	E	C	Մ	Կ	Կ	Ա	Ո	R	T	N	E
Ղ	U	I	T	Ձ	K	Ե	Ր	Կ	Ա	Թ	Ա	T	A	Ք	S
Ն	M	Է	H	Հ	Ց	C	H	N	S	Շ	O	V	L	S	S
Ն	A	N	E	Փ	T	L	I	O	S	C	Ի	E	S	Ւ	S
Y	R	F	R	U	B	B	E	R	E	P	A	P	H	L	T
Ֆ	B	M	Փ	R	L	Ֆ	M	I	B	D	Ֆ	L	F	Յ	E
Ջ	L	Յ	W	D	Մ	Ֆ	U	Ճ	Չ	D	Յ	D	N	O	E
Ձ	E	Է	Գ	A	M	U	N	I	M	U	L	A	Է	Կ	L

ALUMINUM	ՑԵՄԵՆՏ
BRASS	ՌԵՏԻՆ
BRICK	ԱԼՅՈՒՄԻՆ
CEMENT	ՏԻՏԱՆ
CERAMIC	ԿԵՐԱՄԻԿԱ
COTTON	ԵՐԿԱԹ
IRON	ԲԱՄԲԱԿ
LEAD	ՄԱՐՄԱՐ
LEATHER	ԿԱՇԻ
MARBLE	ՉԺԱՆԳՈՏՎՈՂ ՊՈՂՊԱՏ
PAPER	ԱՐՈՒՅՐ
RUBBER	ՀՈՂ
SOIL	ԿԱՊԱՐ
STAINLESS STEEL	ԹՈՒՂԹ
TITANIUM	ԱՂՅՈՒՍ

REVIEW: SOMETHING TO DRINK? 130

Review Jumble: The translations in the word list below have been scrambled. Draw lines between the left and right columns to find the correct translations.

Ձ	Ն	Գ	G	Գ	S	Ծ	Չ	L	Ք	S	Դ	W	Թ	Ը
Ֆ	O	N	I	C	C	U	P	P	A	C	Ո	T	I	Հ
N	I	H	V	Ծ	C	A	E	T	M	H	Ի	U	Ձ	Յ
G	U	G	Ո	O	Շ	Ա	Մ	Փ	Ա	Յ	Ն	Ո	Ղ	Ո
E	O	Պ	F	Ն	D	Ջ	Ջ	Ո	Ւ	Ր	Ի	Ւ	S	Ւ
Գ	A	F	Ի	Փ	Ի	K	Ի	C	Ռ	Ւ	Գ	Ր	S	Թ
Y	E	H	Կ	S	Ն	Չ	A	Դ	Ւ	Ո	Ր	Ճ	Ը	F
E	U	Ա	U	E	Ա	R	Ւ	Ժ	Ն	Ջ	Ի	Ն	Ժ	Ր
K	Թ	Շ	Ի	N	L	Կ	E	Ո	R	Ե	Մ	Ղ	Ջ	Է
S	Ե	Յ	Վ	I	M	D	Գ	E	Պ	Ր	Ր	H	O	Ւ
I	Յ	Ւ	U	W	Խ	U	T	Ի	B	Ա	Ա	Բ	J	W
H	Մ	D	Y	D	N	A	R	B	Ն	Գ	Կ	Ք	U	Խ
W	H	I	I	E	W	I	N	E	J	Ի	K	L	I	M
Հ	Ե	E	G	R	E	N	G	A	P	M	A	H	C	D
Ձ	A	Ը	Ր	S	Ժ	Ը	Վ	L	S	I	A	S	E	Ֆ

BEER	ԳԱՐԵՋՈՒՐ
BRANDY	ՍՊԻՏԱԿ ԳԻՆԻ
CAPPUCCINO	ՕՂԻ
CHAMPAGNE	ԿԱԹ
COFFEE	ՋՈՒՐ
GIN	ԿԱՊՈՒՉԻՆՈ
JUICE	ՇԱՄՓԱՅՆ
MILK	ՎԻՍԿԻ
RED WINE	ՀՅՈՒԹ
RUM	ՍՈՒՐՃ
TEA	ՋԻՆ
VODKA	ՌՈՄ
WATER	ԹԵՅ
WHISKEY	ԲՐԵՆԴԻ
WHITE WINE	ԿԱՐՄԻՐ ԳԻՆԻ

SOLUTIONS

SOLUTION 001

SOLUTION 002

SOLUTION 003

SOLUTION 004

SOLUTION 005

SOLUTION 006

SOLUTION 007

SOLUTION 008

SOLUTION 009

SOLUTION 010

SOLUTION 011

SOLUTION 012

SOLUTION 013

SOLUTION 014

SOLUTION 015

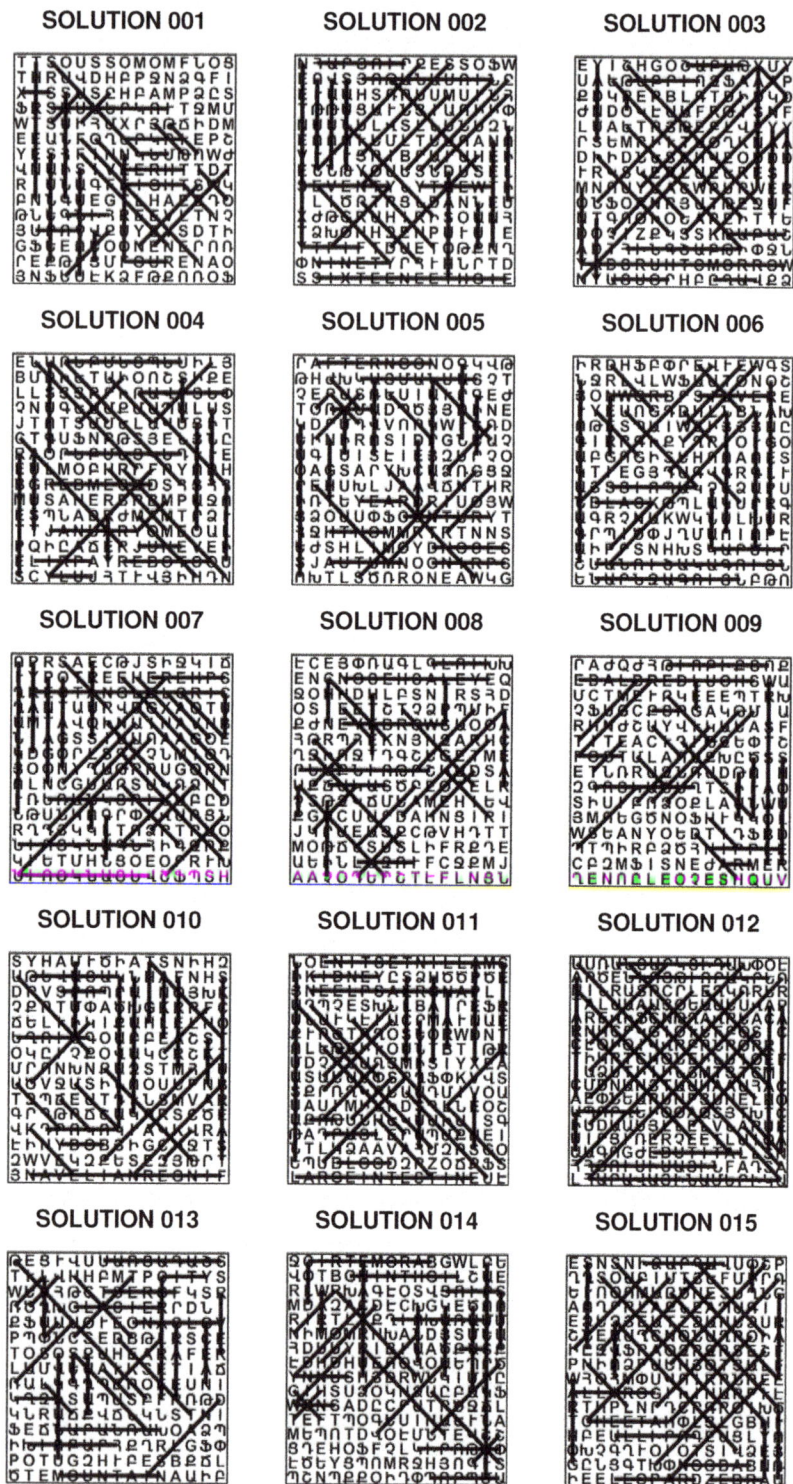

SOLUTION 016

SOLUTION 017

SOLUTION 018

SOLUTION 019

SOLUTION 020

SOLUTION 021

SOLUTION 022

SOLUTION 023

SOLUTION 024

SOLUTION 025

SOLUTION 026

SOLUTION 027

SOLUTION 028

SOLUTION 029

SOLUTION 030

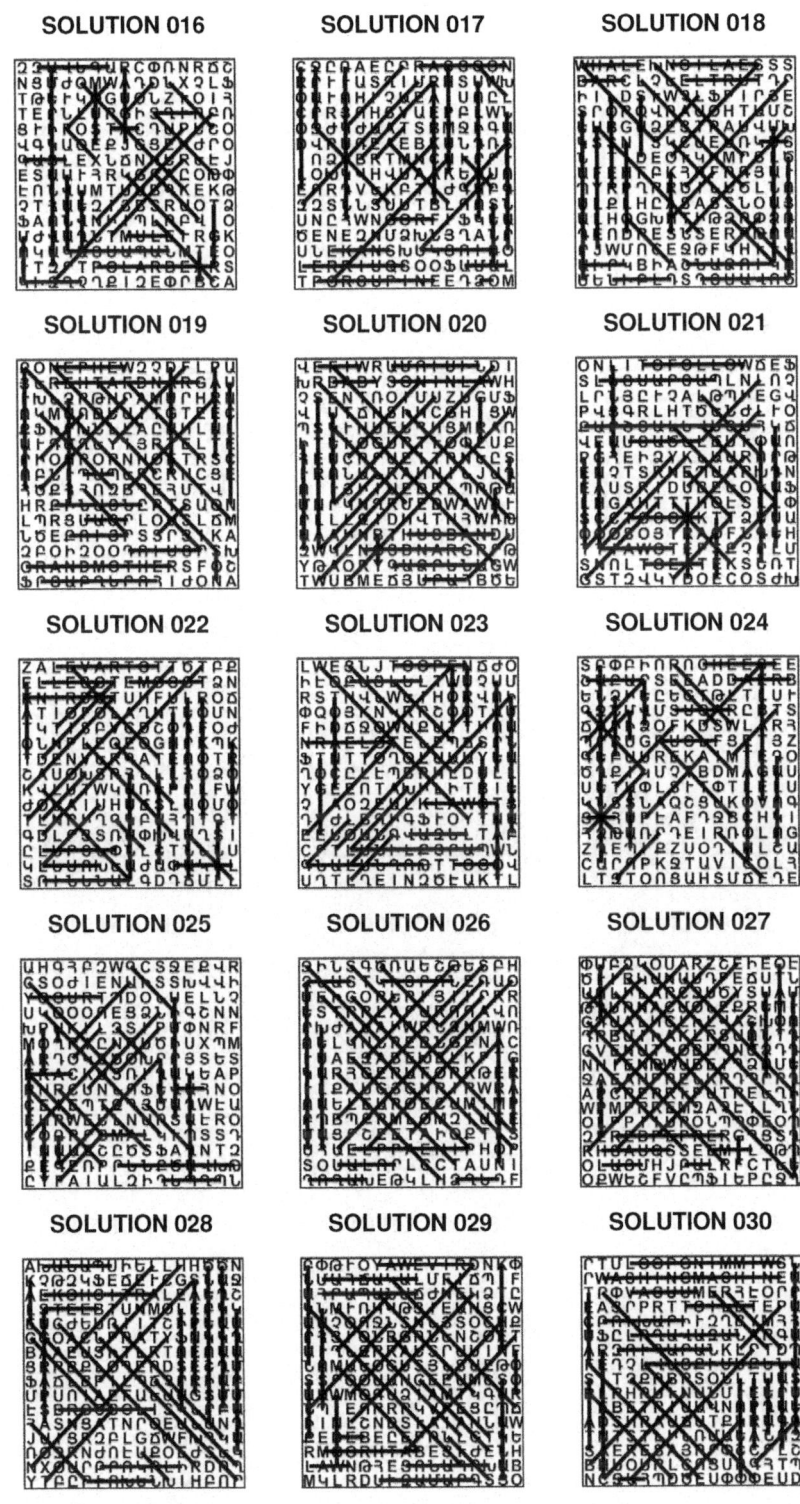

SOLUTION 031

SOLUTION 032

SOLUTION 033

SOLUTION 034

SOLUTION 035

SOLUTION 036

SOLUTION 037

SOLUTION 038

SOLUTION 039

SOLUTION 040

SOLUTION 041

SOLUTION 042

SOLUTION 043

SOLUTION 044

SOLUTION 045

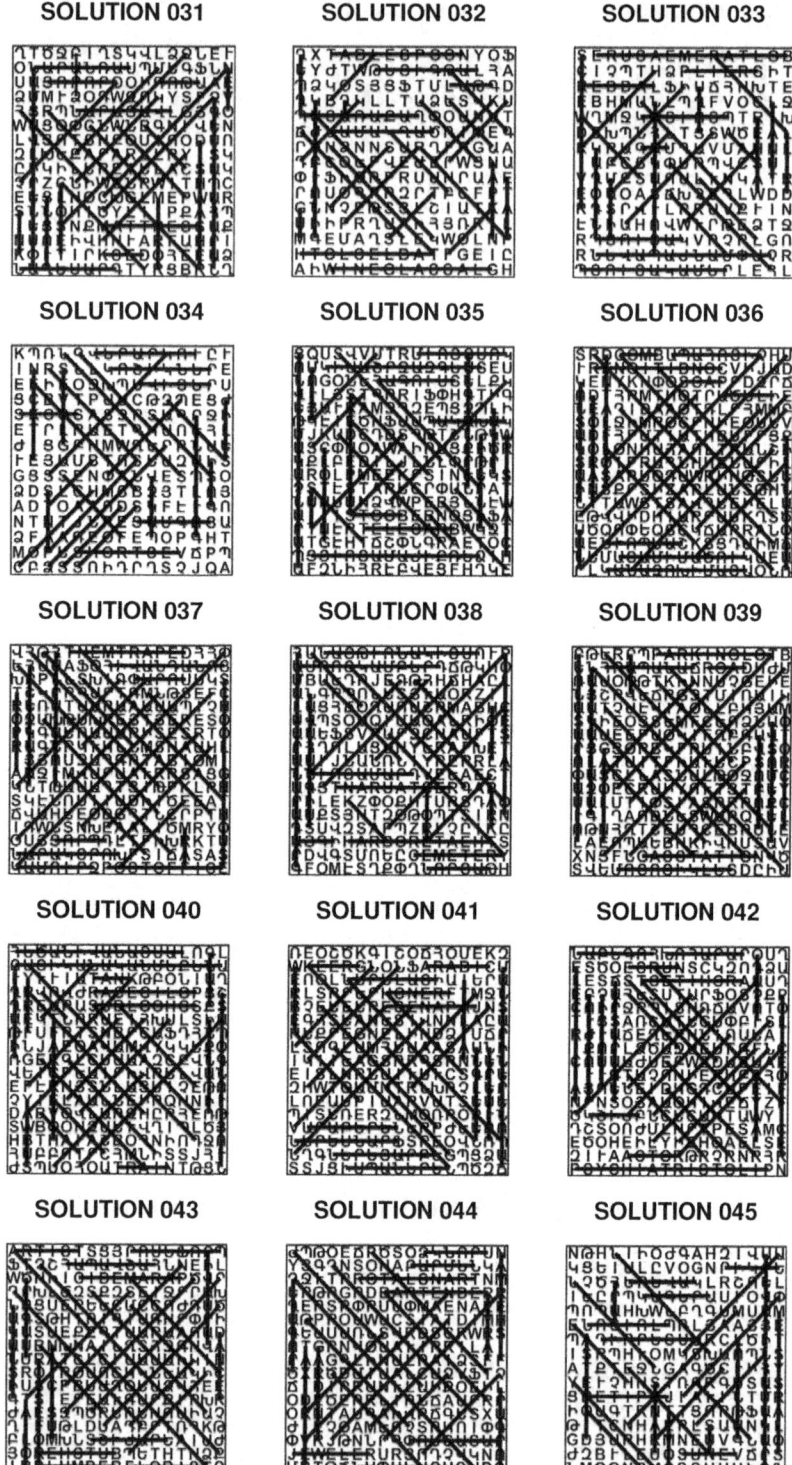

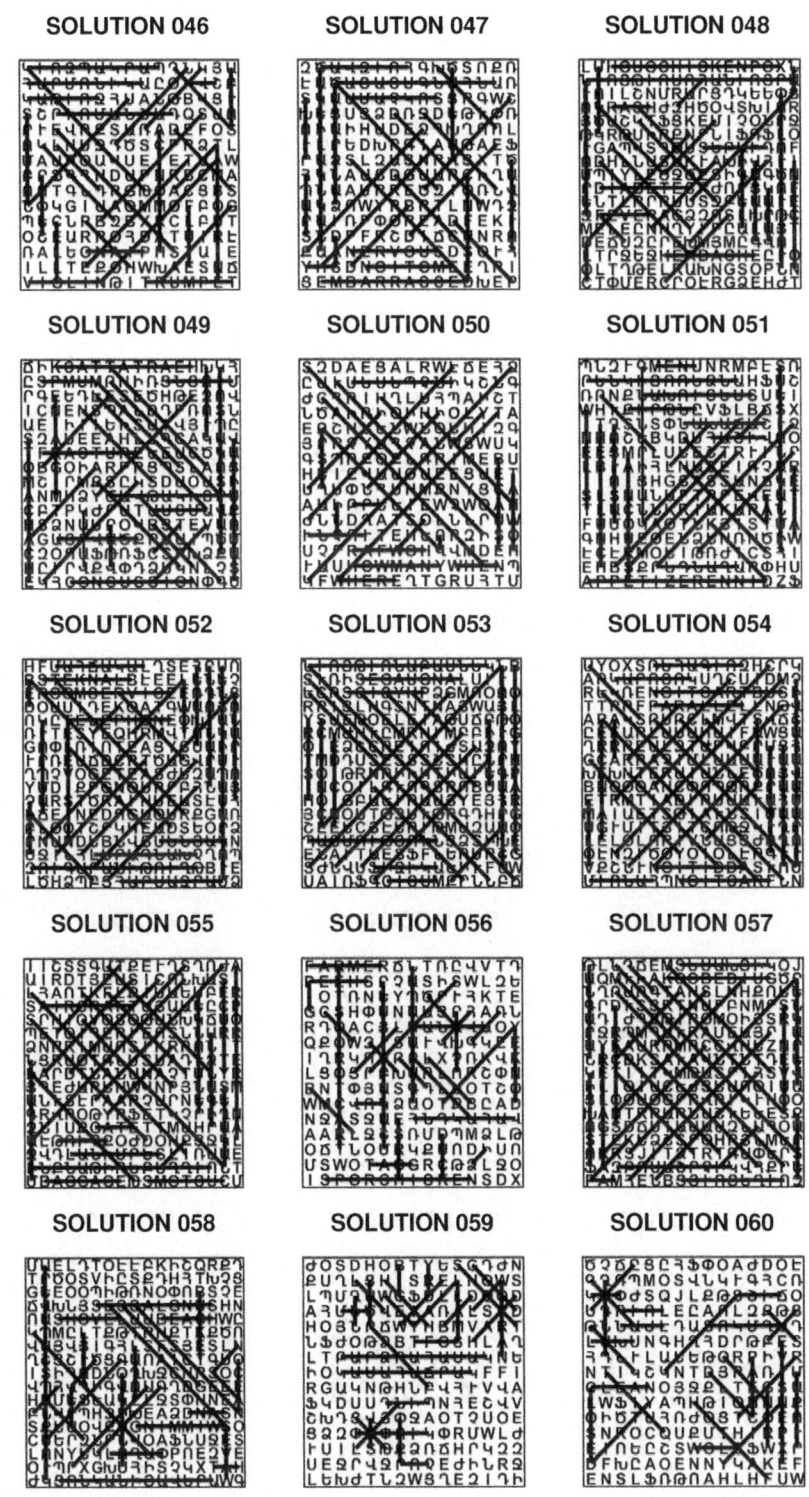

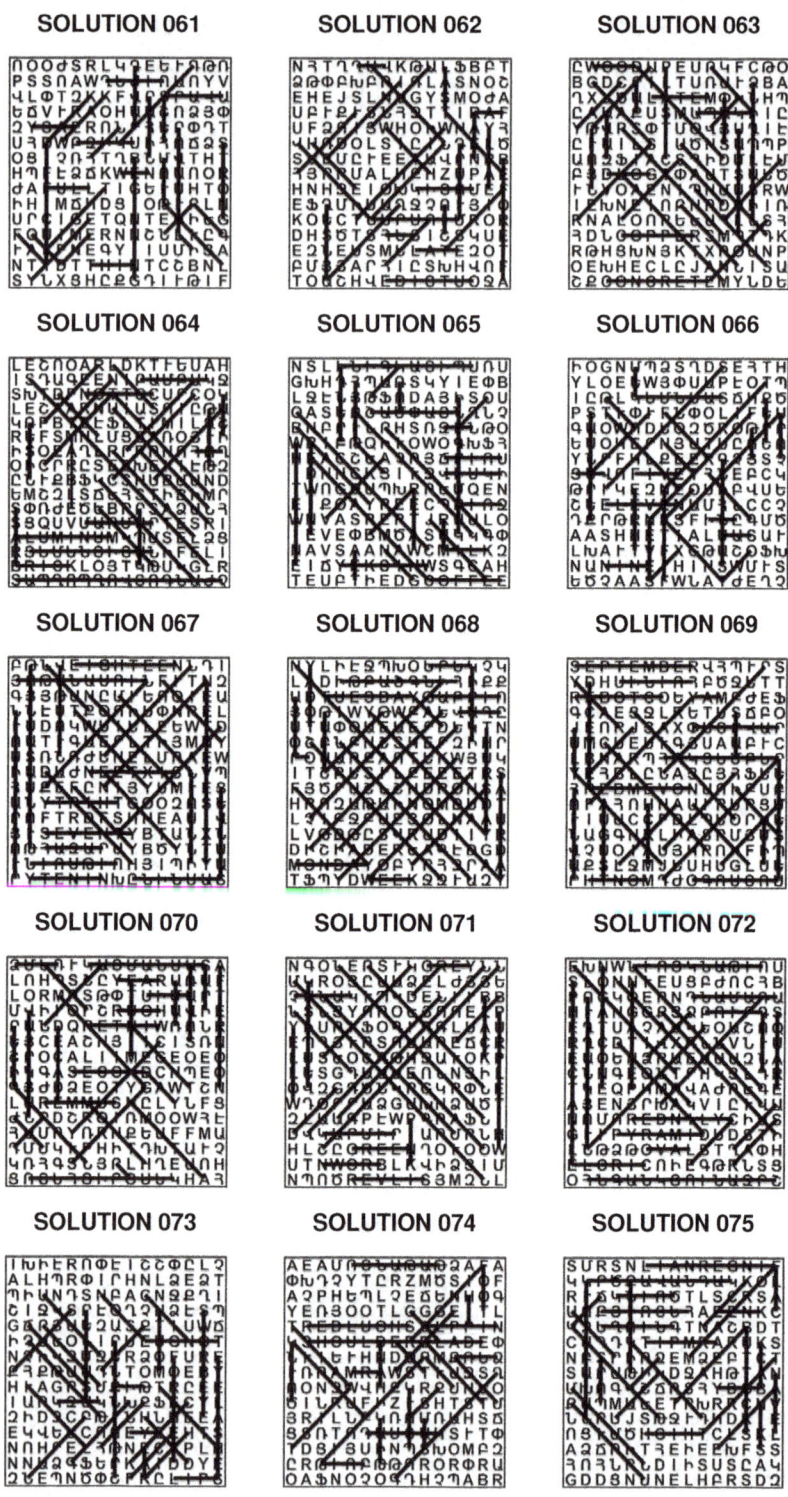

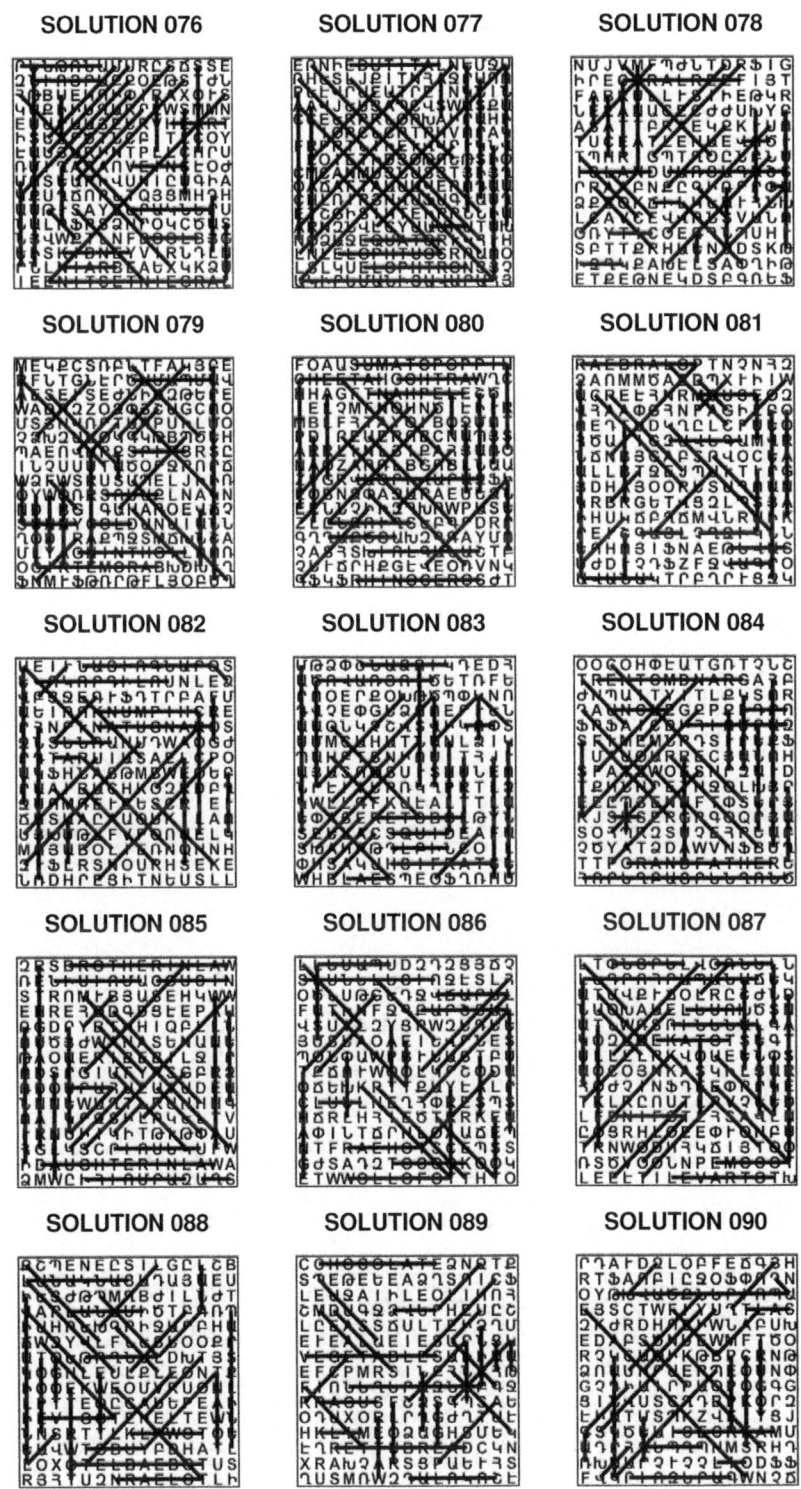

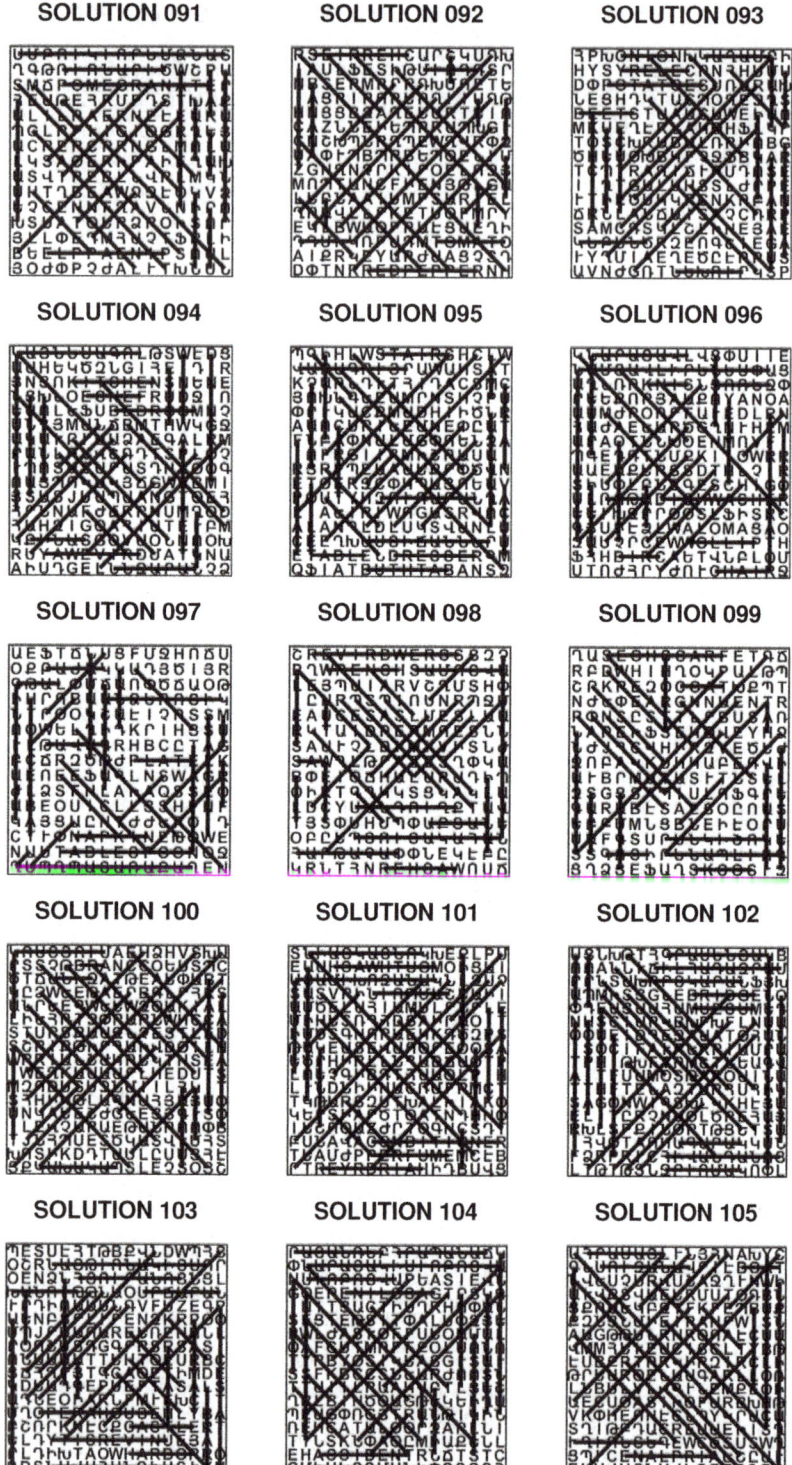

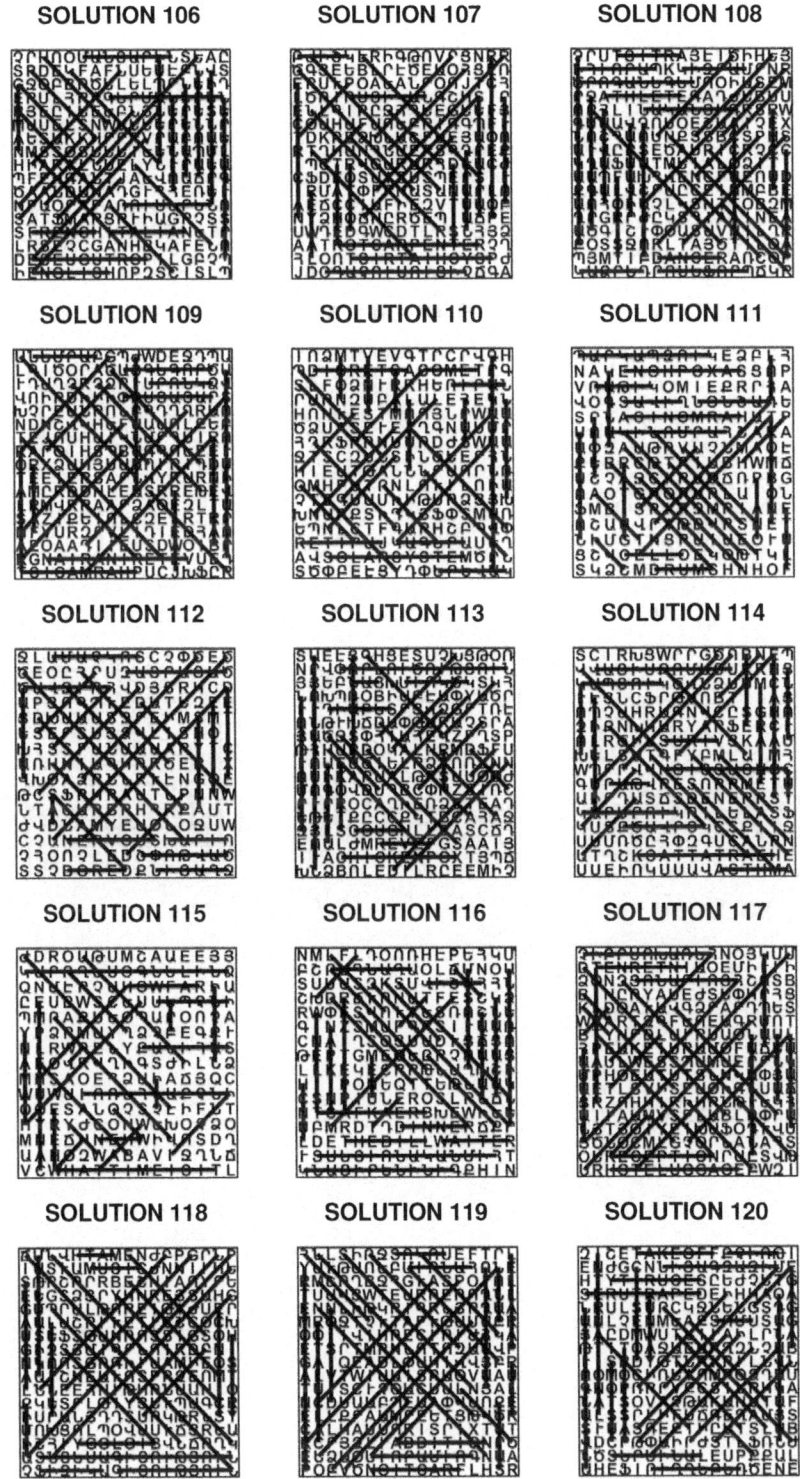

SOLUTION 121

SOLUTION 122

SOLUTION 123

SOLUTION 124

SOLUTION 125

SOLUTION 126

SOLUTION 127

SOLUTION 128

SOLUTION 129

SOLUTION 130

LEARN WITH WORD SEARCH PUZZLES
by David Solenky

Check out these other exciting books in the Language Learning series. Available on Amazon in 38 languages in regular and large print sizes.

Learn with Word Search Puzzle Books:

Albanian	Irish
Armenian	Italian
Basque	Japanese
Belarusian	Latvian
Brazilian Portuguese	Lithuanian
Bulgarian	Macedonian
Catalan	Malay
Croatian	Norwegian
Czech	Polish
Danish	Portuguese
Dutch	Romanian
Estonian	Russian
Filipino	Serbian
Finnish	Slovenian
French	Spanish
German	Swedish
Greek	Turkish
Hungarian	Ukrainian
Indonesian	Vietnamese

If you enjoyed this book, please consider leaving an HONEST review.

If you have any suggestions for future languages or books, or find any mistakes, please let us know at learnwithwordsearch@gmail.com.

Made in the USA
Middletown, DE
11 December 2020

27160711R00086